JN086673

元国税調査官
大村大次郎

宗教とお金の世界史

ビジネス社

はじめに

宗教の歴史を語る上で、お金のことは欠かすことはできない。

宗教とお金は、歯車の両輪のようなものである。

たとえばユダヤ・マネーという言葉がある。

これはユダヤ人の企業や投資家が動かすお金のことであり、現在も世界経済に大きな影響を与えている。そしてユダヤ人というのは「ユダヤ教を信仰する人々」を指すものである。

なぜユダヤ教を信仰する人々が、それほど大きなお金を持っているのか？

そこには、ユダヤ教の歴史が大きく関係しているのだ。

また現在の世界経済の仕組みは、主に西欧人がつくったものである。15世紀の大航海時代以来、西欧人は世界中に商船や軍艦を差し向け、世界経済の覇権を握った。

そこにはキリスト教とイスラム教の因縁の歴史が大きく関係している。

中世から近代にかけて、キリスト教とイスラム教は鋭く対立してきた。西欧諸国は、イスラム勢力を迂回して、アジアやアフリカの産品を輸入するために太平洋、大西洋の航路を開拓したのだ。そしてキリスト教は、「世界中にキリスト教を布教する」という建前のもとで、世界のあらゆる地域を侵略し略奪した。

本書は、そういう「宗教と金」の歴史を追究したものである。

ところで、筆者は元国税調査官である。

国税調査官というのは、脱税をしていないかどうか、法人や個人を調査する仕事である。元国税調査官から見れば、「宗教法人ほど金に汚いところはない」のである。宗教法人というのは、脱税常習業種として税務署から常に監視されている。

お金に貪欲な新興宗教だけではなく、由緒あるお寺の高僧であっても、お金に身ぎれいな人物を私は知らない。

筆者は、「どんなに偉いお坊さんでも欲に突き動かされて生きている」ことを肌身で知っている。一般の人よりは宗教に対する畏敬の念が少ないのだ。

そのため、より客観的に冷静に宗教とお金について分析できるのではないかと自負している。

第2章 信者を爆増させた〝キリスト教ビジネス〟とは？

第3章 キリスト教は〝金の問題〟で分裂した

第4章　日本を千年近く支配した仏教勢力

第5章 死の商人としてのザビエル

第6章 イスラム教徒が急増した経済的理由

第7章 現代も続く「宗教と金」の争い

第1章

なぜユダヤ人は銀行家が多いのか？

ユダヤ教と放浪の民

世界の三大宗教とされているのは、キリスト教、イスラム教、仏教である。

このうちキリスト教、イスラム教には大きな共通点がある。それは、ユダヤ教を始祖としていることである。

キリスト教もイスラム教も、ユダヤ教から派生し、両者ともユダヤ教の聖典である「聖書」を聖典としている。つまり世界の2大宗教が、実はユダヤ教という共通のルーツを持つのだ。

そしてユダヤ教は現存する宗教の中では、もっとも古い部類に入る。土俗的な宗教を除けば、世界最古の宗教だといえる。

ユダヤ人は金儲けがうまい人々として知られているが、本来、ユダヤ教というのは、「助け合いの精神」や「偶像崇拝の禁止」などを本旨とする宗教である。「偶像崇拝の禁止」とは、誰かを神格化して崇拝してはならないということである。だからユダヤ教では、その開祖であるモーゼも決して神格化はされていないし、モーゼの像をつくったり、その像を拝んだりすることはない。

そしてこのユダヤ教の本旨の部分は、キリスト教にもイスラム教にも引き継がれている。本書でまず最初に取り上げるのは、このユダヤ教である。

ユダヤ人というのは、今から約4000年前に今のパレスティナ地方にいた人々を始祖としている。そして彼らはユダヤ教という宗教を生み出し、「聖書」を編纂（へんさん）した。

「アダムとイブ」「ノアの箱舟」「十戒（じっかい）」などキリスト教で有名な逸話の数々は、本来はユダヤ教の話なのである。

聖書の中では、ユダヤ人は人類の祖であるアダムとイブの子孫となっている。史実的には紀元前2000年頃、メソポタミアのウルという地域（現在のイラク南部）にいた人々がアブラハムに率いられて、カナンの地（現在のパレスティナ）に移住した、これがユダヤ民族の始まりだとされている。

映画「十戒」脱エジプトのシーン

彼らはカナンの地で遊牧などをしていたが、紀元前17世紀頃にエジプトに移住した。ところがエジプト政府に重税を課せられ、税金が払えなくなって奴隷にされたために、紀元前1260年頃、預言者モーゼに導かれてエジプトを脱出し、パレスティナに国を建設した。

しかしパレスティナ周辺には、メソポタミアのアッシリア帝国、新バビロニア王国、古代ローマ帝国などの大国が次々に現れ、ユダヤ国家は常に圧迫されることになる。

紀元70年、ついにローマ帝国の攻撃によりエルサレムが陥落して、ユダヤ人は国を持たない民族となった。それ以来1948年のイスラエル建国まで、ユダヤ人は国家を持たない「放浪の民」となったのだ。

このようにユダヤ人は4000年という長い歴史の中で放浪の生活を続けるのだが、ユダヤ教を決して手放さなかった。

「ユダヤ教の信仰」

というこの一点で、ユダヤ民族はその存在を4000年もの間、保持し続けたのだ。ユダヤ人は長い歴史を通じて、あらゆる土地でマイノリティーであり、異教徒であったため、たびたび迫害や追放の目にあってきた。そのたびにユダヤ人は受け入れてくれる場所を求めて世界中をさまようのだ。

ちなみにイスラエルによる現代の「ユダヤ人」の定義は、ユダヤ教を信仰する人ということになっている。必ずしも古代ユダヤ民族の末裔(まつえい)でなくてもいいのだ。だから現代のユダヤ人には、白人もいれば黒人もいるし、中東系、アジア系もいるのだ。

合理的でわかりやすい「モーゼの十戒」

ユダヤ人が4000年もの間、手放さなかったユダヤ教とは、そもそもどんなものなのか？

ユダヤ教では守るべきルールとして、10の項目があげられている。

これはモーゼの十戒と言われるものである。モーゼの十戒は、映画などにもなっており、さまざまなところで使われている言葉なのでご存じの方も多いはずだ。

「十戒」という言葉からは、とても厳しい戒めというイメージを持つ人も多いはずだ。しかし、このモーゼの十戒は、実は合理的でゆるゆるなのである。

モーゼの十戒は、以下の通りである。

1　神は一つだけであること（唯一神）

2　偶像をつくったりそれを拝んではならない（偶像崇拝の禁止）

3　みだりに神の名を唱えてはならない

4　（週に一度の）休息日を守ること

5　父母を敬うこと

6　殺人をしてはならない

7　物を盗んではならない

8　姦淫（不倫など）をしてはらない

9　隣人（周りの人）にウソをついてはならない

10　隣人（周りの人）のものを盗んだり貪ってはならない

この10の戒めを順番に見てみたい。

1は、「神は一つだけ（唯一神）」ということである。土俗信仰などでは、いろいろなものを神と見立てて拝むことがあるが、それをやめろということである。つまり非合理的で土俗的な信仰はやめろということだ。

2は、いわゆる「偶像崇拝をやめろ」ということで誰かを神格化したり、誰かの像をつくってそれを神と見立てて拝むようなことはやめろ、ということである。

3の神の名をみだりに呼ぶなというのは、ざっくり言えば「神頼み」をするなということである。

4は週に一度の休息日はちゃんと休みなさいということである。

5、6、7はその文言通りのことである。

8は、ざっくり言えば不倫をするなということである。これも、実はそれほど厳しくなく、遊女（売春婦）の存在は認めている。

9と10は、隣人（周囲）の人にウソをついたり、トラブルになるようなことをしてはならない、ということである。

これを見てみると、社会生活を営む上での普通のルールであり、「安息日を守れ」など健康を配慮したものもあり、「厳しい戒律」などでは決してない。

「神頼みなどせずに、健康に気をつけて父母を敬い、殺したり盗んだりせずに周りの人とうまくやっていきなさい」ということである。

この十戒のほかに、「貧しいものに施す」ことなどが、ユダヤ教では重要なルールとされていた。もちろん「貧しいものを助ける」のは、社会を安定させる上で重要なことである。

ユダヤ教の教えはこのように非常に合理性があり、そのことがユダヤ教が4000年も続いてきた大きな要因だと考えられる。ユダヤ教にはさまざまな宗派があり、十戒のほかにも守るべき規律が事細かく決められている宗派もある。それでも、十戒がどの宗派でも基本事項となっているのだ。

そして、このユダヤ教で定められた重要ルールは、キリスト教でもイスラム教でも「基本ルール」とされているものだ。

古代からお金に強かったユダヤ人

ユダヤ人は世界でも有数の歴史を持ちながら、現代経済社会にも多大な影響を持ち続けている。

ユダヤ人というのは、その巧みな金融スキーム、ビジネススキームを用いて、世界中の国々の経済の中枢に座ってきた。世界史で登場してきたあらゆる経済大国の陰には、必ずユダヤ人がいるのである。

シェークスピア（1564～1616）の「ベニスの商人」では、ユダヤ人は狡猾（こうかつ）な金貸しとして描かれているし、近代商業銀行の祖とも言えるロスチャイルドもユダヤ人である。

彼らは太古から金融業、金貸し業に長じていたとされている。

記録に残っている世界最古の貸金会社は、紀元前6世紀バビロニアの「ムラシュ商会」だが、ここには70人のユダヤ人が出資者として名を連ねている。

また紀元前5世紀エジプトのパピルス古文書にも、ユダヤ人が金貸しを行っていたという記述がある。

またユダヤ人は古代から両替、為替という分野にも非常に長じていた。これは高度な技術が必要とされるもので、現代でも金融のカナメとなるものだ（かのジョージ・ソロス〔1930〜〕も為替を使って莫大な利益を上げたのである）。

なぜ両替や為替に長じていたかというと、これも彼らの「離散」に関係がある。

ユダヤ人は古代から律法によって、1年に半シクル（おおよそ年収の1割程度）をパレスティナの教会に納めなければならなかった。これは聖書の中に「貧しいものに施さなくてはならない」「収穫物の10分の1は神のもの」などの記述があることから生まれたルールであり、後にはキリスト教の10分の1税につながっていく制度である。

その頃ユダヤ人はすでに離散していたため、各地の多種多様な貨幣が持ち込まれることになった。これらの多様な貨幣を機能させるには、両替が必要になる。

そのため両替商が発達したのである。

両替というのは大きな利益を生む事業でもある。為替相場などがない当時では、貨幣の両替はいわば、業者の言いなりである。

また両替商は、両替のみならず金貸しもしていた。当時のユダヤ教では、国内で利子をつけて金を貸すことは禁止されていた。しかし諸外国の人々に対して金を貸すことは黙認されていたのだ。各国の人々が集ってくる両替商は、金貸しには打ってつけだったのだ。そのためユダヤ人両替商の中には、莫大な富を持つものも出てきた。

迫害されるユダヤ人

ユダヤ人は長い歴史を通じて、あらゆる土地でマイノリティーであり、異教徒であったため、たびたび迫害や追放の目にあってきた。

十字軍の遠征の際には、ユダヤ人居住区がたびたび襲撃されたし、13世紀にはイギリスがユダヤ人を追放し、西洋諸国も順次それにならった。

追放されなかったとしてもゲットーと呼ばれる居住区に半強制的に閉じ込められ、市民権も制限されることが多かった（すべての地域でそうではなかったが）。ユダヤ人が西洋諸国で他の民族と同じような市民権を手にするのは、実にフランス革命以降なのである。

ユダヤ人は受け入れてくれる場所を求めて世界中をさまよう。

彼らが放浪の民といわれるゆえんである。

ユダヤ人特有の金儲けのうまさを象徴する言葉であるユダヤ商法は、「放浪の民」という彼らの性質が大きく関係しているといえる。

「ユダヤ・マネー」というのは「放浪の民」が生んだものだともいえるのだ。

放浪するということは、各地域の情報をたくさん持っていることである。また世界各地に同朋がいるのだから、ネットワークをつくりやすい。ユダヤ人にとって、この世界ネットワークが欠くべからざる武器となっているのだ。

また「一国に定住しない」「母国がない」ことは、あらゆる国を客観的に眺められるという利点があった。ユダヤ人たちは、さまざまな地域の文化や物をほかの地域に移す役割を果たしてきた。

インドの計算方法をヨーロッパに紹介し、アラビア数字を東洋、西洋にも普及させたのはユダヤ人だといわれている。またコーヒー、たばこをヨーロッパに広めたのも、ユダヤ商人だったのだ。

そして世界の金融取引のシステム開発において、ユダヤ人は大きな役割を果たしている。現代の世界金融システムを構築してきたのは、彼らだといっても過言ではないのだ。

ユダヤ人というと、ナチスの迫害というイメージが強い。

日本人は、ユダヤ人の迫害というと、ナチスの専売特許のように思っている人も多いが、実はそうではない。ユダヤ人の迫害は、２０００年も前から行われていることなのである。

1世紀以降、キリスト教はヨーロッパで急速に広まり、それとともにユダヤ教への迫害も始まった。キリストはユダヤ人だが、そのキリストを殺してしまったユダヤ人や、ユダヤ教は、キリスト教の敵となったのだ（詳しくは後述）。

それ以来、ユダヤ人は迫害の歴史の中を歩むことになる。

十字軍は遠征の前にユダヤ人居住区を襲い軍資金を徴収した。

たとえば、キリスト教で宗教改革を起こしたマルティン・ルター（1483〜1546）も反ユダヤ主義者で、強烈なユダヤ人迫害を行っている。

ゲットーと呼ばれるユダヤ人居住区は、15世紀からつくられ始めたものだ。ユダヤ人を狭い区域に強制移住させ、そこから出ることを許さない。また「ユダヤ人商店でものを買うな」「ユダヤ人との性交は火あぶりの刑」「ユダヤ人は星印をつけなければならない」などども、この当時の宗教会議で定められたことである。

ユダヤ人のさまざまな権利を剝奪し、結婚や出産も制限される、これはキリスト教国の多くが行ってきたことなのだ。

「迫害」はユダヤ人の精神形成にも大きな影響を与えているといえる。詳しくはおいおい紹介していくが、ユダヤ経済人にも、それは明確に表れていることである。

なぜ高利貸がユダヤ人の代名詞となったのか

ユダヤ人はシェークスピアの「ベニスの商人」に出てくるシャイロックに代表されるように狡猾な金貸しという印象を持たれている。それがユダヤ人迫害の理由の一つともなっている。

実際にユダヤ人には、金貸しが多かった。これは、キリスト教とユダヤ教の歴史が一つの要因となっている。

ユダヤ人が商業、金融業に長じてきたのは、国を失い、土地を追われたことが関係している。

ユダヤがまだ国を持っていた当時、ユダヤ人の生業のほとんどは農業だったといわれている。当時のパレスティナのユダヤ農民たちは、灌漑が整備された先進的な農業を行い、良質の大麦、なつめやし、ぶどう、オリーブ、いちじくなどを生産していた。芳香性樹脂のバルサムなどは、金と同重量で交換されていたという。

しかし国を失ったユダヤ人は、農業を手放さざるを得なかったのだ。

土地を持たなくなったユダヤ人たちは即、金融業に走ったわけではない。ユダヤ人は絹織物職人、染物屋、仕立屋、肉屋、ガラス職人、鍛冶屋などで生計を立てることが多かった。

これらの技術職は、伝統的にユダヤ人が長じていたものでもあった。しかしユダヤ人たちは、やがてこれらの職業からも追われることになる。

7世紀頃から、西ヨーロッパではギルドが誕生してくるのだ。

ギルドとは、職業上の利益を守るために同職のものが結集したものだ。現在の同業者組合と似たようなものだが、その権利ははるかに強かった。

ギルドは自分たちの利益を守るとともに、都市の維持のための費用を出したりもしていたために強い力を持つようになった。

商人のみならず、手工業者、職人などもつくられるようになった。ギルドに加入していなければ、その職に就けないという新規参入締め出し制度でもあった。

こうした組織は同業者同士で誓約を行ってつくられるものだが、キリスト教を介在としていたために、ユダヤ人は入ることができない。ユダヤ人は、さまざまな職業から事実上締め出されることになった。

そのため多くのユダヤ人は、金貸し業になったとされている。資産家やブルジョア層のみならず、下僕や下女にいたるまで金貸し業を営んでいたという。

わずかな金を得ては、それを貸し付け、利息を取って生活をしていたのだ。彼らは多くの場合、親戚や知人と結託して資金をつくり、それで金貸し業を営んだ。そのため、わずかな持ち金でも金貸し業が営めたのである。

もともとキリスト教もユダヤ教も、金貸しをおおっぴらに容認していたわけではなかった。どちらにも他の多くの宗教と同様に「貧しいものからむさぼってはならない」という教えがあったので、金貸しで財を築くことはよいこととはされていなかった。

それでもキリスト教徒にもユダヤ教徒にも金貸しはいた。そして現代と同様に、借金に苦しむ人たちも大勢いて、しばしば社会問題となった。

そういう背景の中1139年の第二回ラテラノ公会議（キリスト教会の世界会議）で、キリスト教徒による高利金貸業が禁止された。これは新約聖書に出てくる暴利を禁止する記述、たとえば「何もあてにしないで貸してやれ」（ルカの福音書）などによるものである。

ユダヤ教でも旧約聖書に、「貧しいものには利子を取らずに貸してやらなければならない」という記述があり、建前上、利子を取ることは禁止されていた。

しかし11世紀フランスで、ユダヤ教の指導者、ヨセフ・ベン・サムエル・トヴ・エレンが「我々ユダヤ人は、国王や貴族に税金を払わなければならないし、生活費を稼ぐためにも金貸し業は禁止しない」という旨の見解を出した。それ以降、ユダヤ人は半ば公然と金貸し業を生業としだしたのだ。

この頃のユダヤ人コロニーの中には、ほとんどの住人が金貸し業を営んでいたところもあった。ユダヤ人金貸し業は、質屋のようなものから始められ、やがて宮廷や貴族へ貸し付けるものまで現れてきた。

キリスト教徒が金貸し業を禁じられても、金が必要な人はいる。そういう人たちは、ユダヤ人から金を借りるしかない。

ユダヤ人金貸しの利率は30%~60%で、今の日本の消費者金融よりも高い。しかも元利複利計算なので、少し返済が滞ると借りた金の数倍に膨れ上がる。当然、返済不能になったり、財産を巻き上げられる人も出てきた。結局、それはユダヤ人に対する憎悪になった。

１２７５年、イギリス国王のエドワード１世（１２３９~１３０７）は、ユダヤ人に対して金貸し業を禁止した。その代わりに、農業やその他の産業に従事するように決められた。

しかし十分な土地を与えられず、ギルドから締め出されたままだったので、ユダヤ人たちは密かに金貸し業を続けた。それが国王の怒りにふれ、１２９０年、ユダヤ人のイギリスからの追放命令が下ったのだ。他の西ヨーロッパ諸国もイギリスに続いて、次々にユダヤ人を追放した。

ユダヤ人の歴史をつらぬく「放浪」と「離散」は、金融業が要因の一つでもあったのだ。

貿易にも強みを発揮する

放浪の中でユダヤ人は、貿易業と金融業に長じていく。彼らにとって貿易業は、天職ともいえるものだった。

世界中に同朋が散らばっているので取引のコネクションをつくりやすい。また世界各地を行き来する貿易という商売は、迫害されたときにすぐに逃げ出すことができる。だからユダヤ人の多くが、貿易業に従事することになったのだ。

中世、キリスト教とイスラム教が激しく対立をしている間、ユダヤ人は両者をつなぐ貿易をしていた。ユダヤ貿易商人は、おおむね両者から穏当に扱われていた。両者にとってユダヤ人は、貿易の仲介業者としての役割があったからだ。

キリスト教圏とイスラム教圏は、表向き対立していたため直接の取引はできにくい。しかし双方とも、貿易をすれば潤うわけだ。そのためユダヤ商人を介した貿易を行うことになったのだ。というよりユダヤ商人たちが両者の間を行き来して、産品を交易させていたのだ。

ユダヤ人によってアラブ諸国の珍品が西洋諸国に輸出され、東方から西洋、アラブ諸国へは絹、香料などを運んできた。

また13世紀から15世紀にかけて西ヨーロッパから追放されたユダヤ人は、オランダにたどり着いた。そしてオランダの世界進出にともない、ユダヤ人たちも中南米ブラジルに進出した。中南米からの砂糖、コーヒーの貿易ではユダヤ人が中枢を占めていた。

北アメリカとの貿易でも、ユダヤ人は活躍した。1701年、ユダヤ人のアメリカに占める人口は1％程度だったのに、貿易業者の12％を占めていた。ユダヤ人は宝石、サンゴ、織物、奴隷、ココアなどを貿易していた。

このように彼らは世界貿易史のあらゆる場面に登場するのだ。

奴隷貿易と密輸

ユダヤ貿易商たちは奴隷貿易も担っていた。

当時の貿易というのは、原則として物々交換である。もし相手の産品が欲しくても、自分のところに交換すべき産品がない場合、最終的な手段として奴隷を使う。それが奴隷貿易なのである。

奴隷貿易には、非常なリスクがともなった。

キリスト教国では、ユダヤ人がキリスト教徒の奴隷を持つことは禁じられており、イスラム教国ではユダヤ人がイスラム教徒の奴隷を持つことは禁じられていた。だから原則として、ユダヤ人は奴隷貿易などできないのである。しかしユダヤ商人たちは、監視の目をかすめて奴隷貿易をしていたのだ。

当時の奴隷貿易は、北ヨーロッパやスカンジナビアなどのスラブ諸国の非キリスト教徒を奴隷として捕獲し、イスラム世界に輸出するのが主だった。少年、少女、去勢された男子を、家内労働、ハーレム用の奴隷とするのだ。9世紀には一度に1万4000人の奴隷が運ばれたという記録もある。

奴隷貿易に関しては当時でも人道に反する行為だという認識はあったようで、キリスト教、イスラム教、ユダヤ教の各教会ともこれを禁止するよう働きかけていた。しかし奴隷貿易は10世紀、スラブ諸国がキリスト教化されるまで衰退することはなかったのだ。

奴隷貿易は各国の経済的欲求を満たすものでありながら、表向きは違法に近いものだった。だからユダヤ商人は、汚れ役を引き受けていたという見方もできる。しかし奴隷貿易の実務を行っていた彼らが、よいイメージで見られるはずもなかった。ユダヤ商人の悪いイメージは、このようなことの積み重ねだったともいえるだろう。

またユダヤ貿易商たちはしばしば密輸にも手を染めた。

ユダヤの富豪の中には、密輸で財を築いたものも多数存在する。かのロスチャイルド家も、その一つである。

近代ヨーロッパの歴史というのは、戦争の歴史である。各国は絶えず戦争をしていたが、戦争中は当然のことながら物資の輸出入は禁止される。そのため各国に物資の欠乏を招き、密輸が莫大な儲けを生む商売となる。

ロスチャイルドの密輸で有名なのは、ナポレオンとイギリスとの戦争のときである。フランスとイギリスは、お互いを経済封鎖していたが、ロスチャイルドは両者に賄賂を渡すなどして封鎖をかいくぐった。ロスチャイルドは、このときの資産を元手に大銀行家になったのである。

南北戦争のときのアメリカでも、ユダヤ商人による密輸が横行した。

南北戦争では、当然のように南部と北部の間での物資の移送は禁止された。そのため北部では、南部で生産される綿が大量に不足し、南部では北部の工業製品やコーヒーが不足した。これらの物資を密輸すれば莫大な利益をあげることができるので、密輸業者が後を絶たなかったのだ。

密輸業者の中には、ユダヤ商人が数多くいた。当時、ユダヤ教のラビ（指導者）は「密輸は神の名を汚すもの」として繰り返し非難したが、それは逆にユダヤ人の密輸がいかに多かったかを示すものでもある。そのためこの時期のアメリカでは、反ユダヤ主義が強まった。

中世ヨーロッパの宮廷ユダヤ人とは?

中世ヨーロッパでは、王侯貴族たちがユダヤ人を使用人として囲った。いわゆる「宮廷ユダヤ人」と呼ばれるものである。彼らは読み書きができ、財務や金融の知識があり、なにより資金調達能力に長けていたからだ。

中世ヨーロッパの王侯で宮廷ユダヤ人を持たなかったものは、ほとんどいないともいわれている。またヨーロッパに限らず、イスラム国でも宮廷ユダヤ人は存在した。

この宮廷ユダヤ人は、中世ヨーロッパの金融において重要な役割を果たした。

1618年、ドイツで30年戦争が起きる。このときオーストリア・ハプスブルク家の財政は瀕死の状態だったが、それを救ったのがヤアコブ・バッセヴィ(1580~1634)という宮廷ユダヤ人である。彼は30年戦争の間、各種の特権と引き換えに戦費を調達し、ハプスブルク家を支えた。

彼らに限らず、30年戦争では多くの宮廷ユダヤ人たちがヨーロッパ諸国に関与していた。30年戦争では、ヨーロッパの強国すべてが参戦するが、そのほとんどの当事国にユダヤ人が戦費や物資の供給をしていた。彼らは使われていない帝国の資産を活用したり、鋳造硬貨の質を落とすことで戦費を捻出した。またユダヤ人の国際ネットワークにより東欧から食料などの戦時物質の調達もした。

ユダヤ人はさまざまな特権を与えられ、徴兵されることもほとんどなかった。30年戦争では、ドイツを中心にしてヨーロッパ諸国は荒廃するが、ユダヤ人は逆にその地位を多いに高めることになった。

17世紀は宮廷ユダヤ人がもっとも活躍した時期である。その宮廷ユダヤ人の中でも、もっとも有名な人物は、ハプスブルク家に仕えたザームエル・オッペンハイマー（１６３０?～１７０３）である。

オッペンハイマーは17世紀後半の二つの戦乱時に、ハプスブルク家の戦費調達のほとんどを切り盛りした。そしてユダヤ人居住区以外に居住する権利を与えられ、親族１００人を引き連れてウィーンで生活をしていた。

しかし彼の隆盛は長くは続かなかった。

戦争が終わってもオーストリアは、オッペンハイマーに対する債務の多くを支払わなかった。彼は皇帝に訴えたりもしたが、逆に誣告罪をきせられ保釈金を支払わされたりもした。その邸宅が暴徒に襲われ資産が略奪されたが、政府は犯人の捕縛さえ積極的には行わなかった。

結局、オッペンハイマーの死によりオーストリアは巨額の債務を未払いに終わらせた。彼はドイツやオランダなどから資金をかき集めていたために、この債務不履行のためヨーロッパで世界初とされる金融恐慌が起きたりもした。

またオッペンハイマーの同族のヨセフ・オッペンハイマー（1698～1738）は、ヴュルテンベルク大公を助けて独裁国家の建設に尽力したが、大公が急死した後に国の財産を私物化した罪で捕らえられ絞首刑になった。死体は檻に入れられ、さらしものにされた。

宮廷ユダヤ人ザームエル・オッペンハイマー

戦争になると、戦費調達のためにユダヤ人は利用される。ユダヤ人もその機会を利用して地位を上げる。しかし戦争が終わると、権力者にとってユダヤ人は用済みとなり、民衆にとっては憎悪の対象となる。オッペンハイマーの盛衰は、宮廷ユダヤ人の典型的なパターンでもある。

ユダヤ人が発明した金融システム

現在、使われている金融システムには、ユダヤ人が開発、発明したものも多い。たとえば、資本主義になくてはならない有価証券を発明したのも彼らである。

ユダヤ人に金貸しが多かったのはすでに述べたが、彼らは金を貸した際の借用書を債券として流通させた。借用書を売ったり、割り引いたりしたのだ。それが西洋での有価証券の始まりだと言われている。

ユダヤ人にとって、有価証券というのは非常に大事な財産となった。いつ追い出されるかわからない、いつ財産を没収されるかわからない彼らにとって、資産を「物」で持っていることは危険だった。物は奪われればおしまいだからだ。しかし有価証券ならば、それを持っている本人しか使えないものだから、奪われるという心配がなくなる。また追い出されるときにも、紙切れ一枚をもって行けば済むのである。ユダヤ人にとって、有価証券はトラベラーズ・チェックのようなものだったのだ。

そのため証券取引所を設置されたとき、もっとも積極的に参加したのはユダヤ人だった。彼らはオランダの東西インド会社の株を大量に保有していた。イギリスで初めてプロの株式仲買人になったのも、ユダヤ人だといわれている。

また無記名債券を考え出したのもユダヤ人である。

中世から近代にかけて、ユダヤ人の財産は急に没収されることがしばしばあった。特に地中海貿易においてスペイン海軍などは、船や船荷がユダヤ人の物だとわかると合法的に没収した。そのためユダヤ人は海上保険も含め、貿易関係のすべての書類に架空のキリスト教徒の名前を使うようになった。これが無記名債券へと発展していくのである。

信用貸をはじめたのもユダヤ人だといわれている。信用貸とは、担保を取らずにお金を貸すことである。担保の価値で貸し出す金額を決めるのではなく、借主の信用度合に応じて、貸し出す金額と利子を決めることである。これによって担保がない人でも、事業資金を調達できるようになった。

ユダヤ人社会の資金調達システム

ユダヤ人が経済的に成功している要因の一つに、ユダヤ人同士の互助システムがあるといえる。彼らには貧しい家庭の出身でも、一代で巨額の財を築くケースがしばしばみられる。もちろん当人の努力もあるが、ユダヤ人社会が有能なものにわりあい簡単に投資（融資）をするという風習の賜物でもあるのだ。

つまりユダヤ人は自立したり、成功したりするときに、ユダヤ人社会から資金を調達できるのだ。たとえばスターバックスを大企業に導いたユダヤ人のハワード・シュルツ（1953〜）は、シアトルのユダヤ人富豪たちから資金を集めてスターバックスを買収した。またスティーブン・スピルバーグ（1946〜）が年若くして映画監督になれたのは、ハリウッドのユダヤ人社会の協力なくしてはありえなかったのだ。このような例は枚挙に暇がない。というよりユダヤ人成功者のほとんどは、なんらかの形でユダヤ人社会からの融資を受けているといえる。

他の民族ならば、学問をするにしろ、商売をするにしろ、資金力の問題が生じるが、ユダヤ人はその問題が比較的軽くて済むのだ。

もともとユダヤには慈善の文化がある。文化というより義務に近い。ユダヤの大富豪や、金融家たちがよく大きな寄付をするのは、このためでもある。

ユダヤ教の規則であるタルムードにはこういうものもある。

「金は肥料のようなもの。使わずに積み上げておくと臭い」

ユダヤ教では、収入の10分の1を寄付するのが、半ば義務となっている。これは聖書の中命記にある「その年の収穫の10分の1を差し出し、あなたの町囲みのうちに置いておかなければならない」という文言に由来している。

イスラエルの飲食店などでは、食材の1割を店の軒先などに置いておくという習慣があった。貧しい人たちのために、である。それがちゃんと行われているかどうかをユダヤ教の関係者がチェックする機能まであった。今でも熱心なユダヤ教徒の間では、これが行われているという。

これらの慈善制度は、融資制度へと発展していった。

たとえば1607年、ポーランドとリトアニアのユダヤ人共同体が「ヘテル・イスカー」というユダヤ人同士の融資制度をつくった。ユダヤ人たちは、この信用貸しのおかげで手軽に資金を調達できるようになり、ポーランド東部やウクライナの開発に重要な役割を果たすことになる。

またアメリカのユダヤ人社会では無利子ローン協会がつくられ、移民としてアメリカに来たユダヤ人たちに無利子で当座の生活資金や事業を始める資金を提供した。他の国からの移民社会にも似たようなものがあったが、ユダヤ社会ほど整備されていなかった。

アメリカに限らずユダヤ社会では、この種の互助組織が発達している。たとえば、かのロスチャイルドも、第二次大戦前後、ドイツ系ユダヤ人がイギリスに大量に移民してきたときに当座の生活資金、事業資金を貸し付けており、その中から実業家として成功したものも多かった。

こういう相互互助システムがあることが、ユダヤ人が世界各地で素早く成功を収めることができた大きな要因でもある。

ユダヤ教は金儲けの宗教か

ユダヤ人が金儲けがうまいのは、ユダヤ教にその要因があるといわれることもある。ユダヤ人は金を道具と考え、金そのものを汚いとは思わない。

確かにユダヤ教は、他の宗教に比べて金に関して柔軟な対応を取っている。

ユダヤ教の教えを集めたタルムードには、次のような文言もある。

「富は要塞であり、貧苦は廃墟である」

「金は悪ではなく、呪いでもない。金は人を祝福するものである」

「人を傷つけるものが三つある。悩み、諍い、空の財布。そのうち空の財布がもっとも人を傷つける」

すでに述べたように、キリスト教が容認してこなかった金貸業をユダヤ教は容認している。またユダヤ教はラビ（指導者）自身が事業家であることも多い。

これだけを見れば、ユダヤ教が金儲けを積極的に推奨している宗教のようにも思える。しかし、それは真実ではない。

最初はユダヤ教も、他の多くの宗教と同じように金儲けをいいものとは扱っていなかった。

前に触れたようにユダヤ教の教典は、旧約聖書である。旧約聖書というのは、紀元前のユダヤ人たちが、ユダヤ教の教えを集めたものである。キリスト教やイスラム教も旧約聖書を教典の一つとしており、ここでは金儲けを推奨するような文言はほとんど出てこない。というより貧しいものから貪ることを戒めている。

そしてタルムードというのは、旧約聖書以降のユダヤ人ラビたちが発言してきたことを編纂したものである。それは、ユダヤ人が国を失い放浪の民となってからのラビたちの指導文言だといえるのだ。

放浪の民となってからのユダヤ人は、生きていくための激しい戦いを強いられてきた。それは「きれいごと」では済まされないことだった。

タルムードはそういうユダヤ人の状況を反映し、非常に合理的な処世術を唱えるようになったのだ。ユダヤ人が合理主義者だといわれるのも、このためなのである。そして金に関しても、合理的に捉えるようになったのだ。

土地を持たないユダヤ人にとって、金こそが命をつなぐ道具でもある。だからユダヤ人は、他の民族に比べて金に関する執着が強いといえるだろう。

ユダヤ人の金に関する執着は、他民族からしばしば反感を買った。それがユダヤ人迫害の要因の一つにもなった。またユダヤ人自身、そういう性向を嫌うものもあった。その最たる人物がイエス・キリストだったのだ。

第2章

信者を爆増させた〝キリスト教ビジネス〟とは？

ユダヤ人の金儲けに反発したイエス・キリスト

キリスト教は、古代ローマ帝国時代（1世紀前後）のイスラエルで起こったものである。

当時のイスラエル地方には、ユダヤ民族が住んでおり、彼らはユダヤ教を信仰していた。前述したようにユダヤ教は4000年の歴史があるとされ、「人々は助け合って生きるべし」という相互扶助を旨とした宗教だった。

しかしイエス・キリスト（1～33）の時代には、すでに形骸化していた。さまざまな規則がつくられ、人々は一応、その決まりは守るが、ユダヤ教の本質である助け合おうという精神が希薄になっていた。

それに対して異議を唱え、愛し合うことを説いたのがキリストなのである。

当時のユダヤ民族は事実上、ローマ帝国の支配下にあった。ユダヤ人たちには、ローマ帝国に納める10分の1税や、神殿の建造、補修のための神殿税が課せられ、そのほかにユダヤ教の教会に納める寄付金もあった。そしてローマ帝国の税金には、「徴税請負人」という制度があった。

徴税請負人というのは、あらかじめローマ政府からその地域の数年分の徴税権を買い取り、徴税を行って利を稼ぐという仕組みである。つまりローマ政府は、数年分の税収を徴税請負人から一括して支払いを受けられるようになったのだ。政府としては数年分の前払いを受けられるので、目先の収益は増える。ただし、その分、徴税請負人に「前納割引」をしなければならないので長期的に見れば減収となる。

そして、この徴税請負人制度の最大の欠点は、徴税請負人の権力が肥大化していくことである。

徴税請負人は、その地域の徴税権を与えられるので、さまざまな方法を駆使して徴税を行う。当然、ローマ政府に払うよりも多くの税を徴収することになる。

多くのユダヤ人は経済的に厳しい生活を強いられていたが、その一方でうまく立ち回って富裕な生活をしているものもいた。徴税請負人になるものや、その業務に加担するものもいたのだ。

イエス・キリストは、徴税請負人に対しては「決められた以上の税を取ってはならない」と諭した。またユダヤ教会の聖職者に対しては、教会を利用して暴利を貪っているとして激しく糾弾した。教会の中で、両替商などを営むものもいたからだ。前述したようにユダヤ教では利子をとって人に金を貸すことは禁止されていたが、両替商を装って事実上の金貸しをしているものも多かったのだ。それを教会ぐるみで行ったりもしていた。

聖書のマタイ（十二使徒の一人）による福音書には、神殿の庭で両替商を行っていたのを見つけたイエスが激怒する様子が書かれている。

さらにマタイによる福音書の第23章では、ユダヤ教の聖職者に対してイエス・キリストは次のように痛烈に批判している。

「彼らは重い荷物をくくって人の肩には乗せるが、自分では指一本も貸そうとしない」

「彼らは宴会の上座、会堂での上席を好み、広場であいさつされることや先生と呼ばれることを好んでいる」

これはまさしく現代の宗教団体や、カルト教団でもありがちな光景だといえるだろう。

イエス・キリストは、当時のユダヤ教団を批判しているとともに、現代の宗教団体をも批判しているのである。

この教えには共鳴するものも多かったが、当時のユダヤ人社会は受け入れることができなかった。

そのためキリストは裁判にかけられ、十字架にかけられ処刑されてしまうのだ。この裁判は、ローマ政府が一方的に行ったものではなく、民衆に問うような形で行われた。つまりは、ユダヤ人社会がキリストを処刑したようなものなのである。そのことが後年、ユダヤ人のさらなる迫害の口実になってしまうのだ。

累進課税の考え方を持っていたイエス・キリスト

イエス・キリストがお金に関してどういう考え方を持っていたのか、よくわかるエピソードがある。

あるとき一人の青年がイエス・キリストのもとにやってきた。

この青年は、ユダヤ教の戒律をすべて守っている真面目な青年で、「自分はほかに何をすればよいでしょうか？」とイエスに尋ねたのだ。

するとイエスはこう答えた。

「持っている物を売り払って貧しい人に施しなさい」

この答えを聞いて青年は、悲しそうな顔をしてイエスのもとを去っていった。青年は、莫大な財産を持っていたのだ。

この後、イエス・キリストは弟子たちにこう言うのだ。

「金持ちが天国に入るのは、ラクダが針の穴を通るよりも難しいのだ」

これはマタイ書19章などに記されているエピソードである。

この青年は、「自分はユダヤの戒律はすべて守っている」ことを自負し、当然、イエスからも褒めたたえられると思っていたのだろう。ユダヤの戒律を守っていたわけなので、おそらく自分の収入の10分の1を施すことも行っていたはずだ。

しかしイエス・キリストは「それでは足りない」と言ったわけだ。

イエスは「この青年が金持ちであること」を見抜いており、その程度の施しが何の苦もないことを知っていたのだろう。

ユダヤ教では、なし崩し的に「収入の10分の1を施す」ということが決められており、それはやがて「どんな金持ちもそれで十分」という考え方になっていった。

この基準は一見、公平のようで実は不公平なのだ。金持ちには有利で、貧乏人には不利なのである。お金に余裕のある金持ちは、収入の10分の1が削られても屁でもない。しかし食うや食わずの生活をしている貧乏人は、収入の10分の1を削られると大変である。

これらのことから現在の税制では、累進課税制度を敷いている国が多いのだ。累進課税制度とは、収入が多い人ほど税率が高くなるものである。

この累進課税制度は、近代になって取り入れられるようになったものだが、イエス・キリストは2000年も前にこの思想を唱えていたのである。

もちろん彼は「累進課税制度を採りなさい」と言っているのではなく、

「金持ちは経済力に応じて施しなさい」

「金持ちは困っている人を助けなさい」

と言っているだけである。

現代では一応、累進課税制度を敷いている国が多いものの、さまざまな抜け穴があるので、金持ちの実質的な税負担率はそれほど高くはない。それが世界的な格差拡大につながっているのだ。名目上の税率は金持ちに高く設定されていても、金持ちはあらゆる方法を駆使して税金を逃れている。表向きはユダヤ教の戒律を守りながら、実際には暴利をむさぼっていたキリスト時代の聖職者と同じようなものである。

イエス・キリストの「金持ちが天国に入るのは、ラクダが針の穴を通るよりも難しいのだ」という言葉は、現代社会の闇を言い当てているものでもある。

イエス・キリストは、「厳しい戒律をつくって人々を苦しめ自分だけがいい思いをする聖職者」に対しては厳しかったが、ほかの人々に対しては非常に優しい対応をしていた。

たとえばイエス・キリストが石打ちの刑に処されていた女性の前を通りかかったことが

あった。当時のユダヤ教の戒律では、姦通罪（不倫）を犯した女性は広場に引き出され、民衆から石を投げつけられる「石打ちの刑」を受けることになっていた。イエスは石を投げつける人々に対して「あなたがたの中で罪を犯したことがない人だけが石を投げよ」と言った。それを聞いた人々は、みな去っていったという。これは福音記者ヨハネの福音書などに載っているエピソードである。

またイエスが十字架にかけられたとき、同時に凶悪な犯罪者二人も十字架にかけられ処刑されていた。そのうちの一人がキリストに対して「お前は救世主なんだろう？　俺たちを救ってみろや」と挑発的なことを言った。

するともう一人の罪人が言った。「お前はなんてことを言うのだ。俺たちは罪を犯したのだから十字架にかけられても仕方がない。でもこの人は何の罪も犯していないのだぞ」

そしてその罪人はイエスに向かって言った。

「あなたが天国に行くとき、私のことも思い出してください」

するとイエスはこう答えた。

「あなたは今日、私とともに天国にいるだろう」

このようにキリストの教えというのは、基本は「許し合い、愛し合うこと」だった。しかし後年、教団は、「許し合い、愛し合う」というイエスの教えを捨て、人々を裁き迫害する機関になってしまう。そこには「お金」が大きく関係してくるのだ。

徴税のためにキリスト教を国教としたローマ帝国

キリストの死後、その教えは急速に広がることになった。

生きていた当初は懐疑的だった人たちも、キリストが死んでしまうと「やっぱり彼の言っていたことは正しいのではないか」ということになったのだ。

そしてキリストの教えを信じるユダヤ教徒の中には別の新しい「教会」をつくるものもいた。それは教団として急激に拡大していった。

当初、ローマ帝国はキリスト教を禁止していた。

が、それでもキリスト教の広がりを抑えられないのを見て、4世紀のローマ帝国皇帝コンスタンティヌス1世（270?～337）は、逆にローマ帝国の国教に取り込もうとした。

当時、キリスト教はいくつもの宗派に分かれていたが、時の皇帝であるコンスタンティヌスは、その中でアタナシオス派という宗派をキリスト教の正統宗派とし、その他の宗派は異端としたのだ。

つまり皇帝は、キリスト教のアタナシオス派に国教としてのお墨付きを与えることで、キリスト教の間接的な支配者になったのだ。

このキリスト教懐柔策の大きな目的の一つが「徴税」だった。当時のローマ帝国では、財政が悪化し国家の統治さえ危うくなりかけていた。

そのため国家とキリスト教を結び付けることにより、「キリスト教徒であれば国家にちゃんと税金を払え」と仕向けたのだ。キリスト教徒としても、「信仰と税金」がリンクすることになり、税金を払わざるを得なくなったわけだ。

現在、カトリックの総本山は「ローマ・カトリック教会」である。キリストはパレスティナ地方で活動しており、キリスト教の発祥もパレスティナ地方であり、本来、ローマとは縁もゆかりもない。なのになぜカトリックの本拠地がローマになっているかというと、ローマ帝国が国教として容認したことから、なし崩し的にそうなったのである。

コンスタンティヌス皇帝の税制改革は一旦は成功し、ローマ帝国はかつての隆盛を取り戻した。

が、この税制改革も長続きはしなかった。

というのも税収不足はなかなか解消されなかったので、徴税が過酷を極めたのだ。税金を払わないものに対して拷問などもしばしば行われた。ローマ市民の中には納税ができないために、自分の子供を奴隷に売るものや、自分自身が奴隷に身を落とすものが多数いた。その一方で富裕な貴族や大地主たちは、賄賂を使って税の免除を受けたり、安く済ませることができた。賄賂を出せないローマ市民や農民たちは、貴族や大地主に自分の土地や資産を寄進し、その配下になっていった。

そのため貴族や大地主の勢力が肥大化し、国家の形態が破綻していく。

彼の時代から100年後、古代ローマは東西に分裂し、やがて衰退していくことになった。

寄せ集めてつくられた新約聖書

コンスタンティヌス皇帝が正統と認めたアタナシオス派というのは、アタナシオス（298〜373）という神学者を中心とした宗派だった。そして、このアタナシオスという人が新約聖書の編纂にも関わる。新約聖書とは、ユダヤ教の聖書に新しくキリスト教の教えが追加された教典のことである。

この新約聖書が教団の勢力拡大に大きな役割を果たすことになる。

キリスト教が発祥した当時、キリスト教徒の間ではさまざまな「福音書」が出回っていた。

福音書というのは、キリストの弟子が「キリストはこう言った」という伝聞を書き記した書物のことだ。この福音書は、さまざまな人が勝手につくっていたので、キリスト教にはさまざまな宗派が生じていた。

福音書はすべてが正確な事実に基づいて書かれたものではない。各人が自分の知っていることや自分の思っていることを勝手に書いたものなのだ。中には、他の福音書を参考にして自分の福音書を書いた人もいる。

たとえば聖書に掲載されているルカの福音書には、冒頭の部分で「先人がいろいろ書いたものを調べて書いた」とはっきり記されている。つまりルカの福音書は、ルカが自分の知っている確固たる事実を書いたものではなく、すでに出回っている福音書を参考にして書いたということだ。

「曖昧な事実に基づいて書かれている」と最初に告白しているようなものである。

このように各人が勝手に曖昧な事実を元にして書いているのだから、当然のことながら、自分の見解が強く反映されるはずである。

しかも同じ人が書いた福音書でも、時を経るごとにかなり内容が変わっていた。当時は印刷技術などないから、福音書を複製するときは手書きとなる。この手書きで複製する際に、自分の意向を勝手に挟み込んだりしたのだ（単純な複製ミスも多々あった）。

新約聖書には至る所に「この文に手を加えてはいけない」という文言が出てくるが、これは、作者が恣意的な書き換えを防ぐために書いたものなのだ。

つまり各福音書というのは各作者の意向が強く反映されている上に、改ざんが繰り返されてきたのだ。そして現在のところ、どれが本当のオリジナルなのかもわかっていない状態なのである。

地獄をちらつかせて信者を増やす

それら各種の福音書には、教会に都合の悪い記述も多々あったので、教会としてはそういう福音書はなるべく世の中から回収してしまわなければならなかった。

180年頃に、「世の中に出回っている福音書が多すぎる」という理由で、司教のエイレナイオス（130?～202）が、いくつかの福音書だけをまとめた文書をつくった。それが現在の新約聖書の起源とされている。

そしてコンスタンティヌス皇帝から正統と認められた司教のアタナシオスが、367年に新たに編纂しなおし、福音書など27編を選んで教書をつくった。それが393年のヒッポ公会議、397年のカルタゴ公会議で、「新約聖書」として正式に認められたのだ。

つまり新約聖書というのは、キリスト教の宗派の一つがつくった文書なのだ。

もちろん、その新約聖書にはアタナシオス派の意向が強く反映された。


新約聖書は、編纂されるときから教会の思惑が絡んでいた。

たくさん出回っている福音書のうち、マタイ、マルコ、ルカ、ヨハネの4者による福音書だけを正統とし、新約聖書に掲載した。

それ以外の福音書は、すべて排除されたのだ。

そして、この新約聖書には、強い「編集方針」があった。

キリスト教会としては、なるべく多くの信徒を獲得しなければならないし、信徒を教会に引きつけておかなければならない。そのため神を非常に恐ろしい存在に仕立て上げ、教会に来なければ地獄に落ちるという方向付けを行ったのだ。

聖書には、過ちを犯したものは地獄の炎で焼かれるという記述が繰り返し出てくる。しかし新約聖書に記載されなかった他の福音書（トマスの福音書、ユダの福音書など）には、そういう記述はあまりない。この部分は教会が意図的に入れ込んだことがうかがえる。

イエス・キリストは教会を全否定している⁉

このように新約聖書というのは、教会の手によって都合のいいようにつくられたものだ。

それでも編纂の統一性が不十分だったらしく、聖書の中にも矛盾点が多々あるのだ。

たとえばマタイの福音書ではイエスは高貴な家柄の出身として描かれているが、ルカの福音書では庶民階級となり、マルコの福音書では貧しい大工の息子となっている。

それぞれの福音書は作者の意図により、イエスの出身がいろいろな設定にされていた。

つまり聖書というのは、イエス・キリストがどういう家の生まれかさえ曖昧（あいまい）な情報しかなく、そういう曖昧な情報を集めたものなのだ。

聖書の編纂のときに、その確認や調整は行わず、そのまま掲載されてしまったようなのだ。

しかも聖書には、教会に都合の悪い記述もたくさんある。なかには教会の存在を全否定するようなものもあるのだ。

たとえば「マタイによる福音書」には、次のような記述がある。

また昔の人々に『いつわり誓うな、誓ったことは、すべて主に対して果せ』と言われていたことは、あなたがたの聞いているところである。しかし、わたしはあなたがたに言う。いっさい誓ってはならない。天をさして誓うな。そこは神の御座であるから。

これを素直に読むと、キリストは「天に対して誓ってはならない」と明確に語っていることがわかるはずだ。教会がやっていることはまるで逆である。キリスト教徒は、教会で結婚するときに永遠の愛を誓う。また、さまざまな場面で神に誓いを行う。教会に誓いを立てることが、キリスト教の重要な行事にさえなっている。しかし、このマタイの福音書を見れば、キリストは「決して天に向かって誓いごとはするな」と明確に述べているのだ。

また同じくマタイの福音書には、次のような文言もある。

自分の義を、見られるために人の前で行わないように、注意しなさい。もし、そうしないと、天にいますあなたがたの父から報いを受けることがないであろう。だから、施しをするときには、偽善者たちが人にほめられるため会堂や町の中でするように、自分の前でラッパを吹きならすな。よく言っておくが、彼らはその報いを受けてしまっている。

あなたは施しをする場合、右の手のしていることを左の手に知らせるな。それは、あなたのする施しが隠れているためである。すると、隠れたことを見ておられるあなたの父は、報いてくださるであろう。

また祈るときには、偽善者たちのようにするな。彼らは人に見せようとして、会堂や大通りのつじに立って祈ることを好む。よく言っておくが、彼らはその報いを受けてしまっている。

あなたは祈るとき、自分のへやに入り、戸を閉じて、隠れた所においでになるあなたの父に祈りなさい。すると、隠れた事を見ておられるあなたの父は、報いてくださるであろう。

これを読むと、キリストは「人前で祈ったりしてはならない」と言っているわけであり、ほぼ教会を否定している。

なぜこのような「教会を全否定しているような言葉」が、そのまま聖書に載せられたのかは謎である。おそらく聖書の編纂の過程で修正漏れしてしまったのだろう。

前述したように聖書というのは、誰かが最初から最後まで綿密に組み立てて書いたものではなく、何十人、何百人が書いた文書の寄せ集めである。教会の都合のいいものだけを寄せ集めたはずなのに、内容のチェックでは行き届かない点もあったのだろう。

そして一度、正式な聖書として認められ世の中に出回ってしまったため、後からはなかなか補正ができなかったものと思われる。

聖書には、「修正漏れ」がけっこうあるのだ。そういう「修正漏れ」の部分は教会の思惑から外れたものであり、実はキリストの本当の教えを示しているものと考えられる。

イエス・キリストは、「神とコンタクトを取るのはわざわざ教会を通す必要はない、誰も見ていないところで祈りなさい」と諭している。

にもかかわらず、教会は「教会が神とコンタクトを取る唯一の窓口」という方針を採ってきた。それは信者を増やして教会につなぎ止めておくための「ビジネス戦略」だったのである。

中世ヨーロッパに大きな影響を与えた「教会税」

キリスト教徒たちは、教会に必ず税を払わなくてはならなかった。

この教会税は、けっこうキリスト教徒たちの負担になっていて、古代から現代までのキリスト教徒たちの生活に大きな影響を与えてきた。

それどころか、ヨーロッパ諸国の歴史にも大きな影響を与えてきたのだ。この教会税があるために、政府が民衆から税を十分にとれず国家財政が厳しくなり、政権が倒れたり、国の制度が大きく変わったりしたケースが多々あるのだ。


教会に税金を払うとなると、我々日本人から見れば奇異な感じを受ける。

「宗教団体に寄付をする人はいるけれど、宗教団体が税金を取るなどというのは、おかしいのではないか？」

日本人なら、そう考える人が多いはずだ。

このキリスト教の教会税も、最初から「税」だったわけではない。

キリスト教の歴史の中で、だんだん税になっていったのだ。

教会税にはいろいろあるが、その代表的なものは前述の「10分の1税」というものだ。

この税金は、自分の収入の10の1を税として納めるというものである。


この税は、旧約聖書にその起源がある。

前述したように旧約聖書は、もともとはユダヤ教の聖典だが、キリスト教、イスラム教の聖典でもあり、この三つの宗教のもっとも基本的な教義を記したものだ。

この旧約聖書には、古代ユダヤ人たちが収穫の10分の1を教会に献納していたことが記されている。

たとえば創世記には、人類の祖とされるアブラハムが分捕り品の10分の1を司祭王メルキゼデクに捧げたと書かれている。またアブラハムの子孫たちも、収穫物の10分の1を司祭に貢納したと書かれている。

それらの記述によりユダヤ人には、収入の10分の1をパレスチナの教会に納めるということが、だんだん義務になっていったのだ。

このようにユダヤ人にとって重要な義務だったわけだが、これがキリスト教にも引き継がれる。

そしてキリスト教というのは先ほども述べたように、ユダヤ教から大きく変革した部分もあるが、基本的な構造は似ていた。どちらも同じ旧約聖書を聖典としているので、当然といえば当然である。

そして税も、そのまま慣習として引き継がれたのだ。

ビジネスとしての教会税

この税金は当初、ユダヤ教徒やキリスト教徒の自発的な義務だった。が、キリスト教がヨーロッパに広く普及し、教会組織が大きくなってくると、キリスト教徒における「明確な義務」とされるようになっていった。

585年には、フランク王国において、第二マコン教会会議というキリスト教の会議が行われた。この会議上で、「10分の1税」がキリスト教徒の義務として明文化された。

この税を納めないものには罰則さえ与えられるようになった。罰則には教会への立ち入り禁止、破門、はては家屋の接収まであった。

そして、この税の使途も明確化されるようになった。

10分の1税は四分割され、一は現地の教会の運営資金、一は建物の費用、一は貧しいものなどへの慈善事業、一は司教に送られるということになっていた。司教というのは、地域の教会を管轄する本部のようなものだ。

使途が明確にされている点は、現代の統一教会や新興宗教系の教団とは大きく違う。それだけキリスト教のほうがシステマティックであり、合理的でもあったというわけだ。

しかし、この教会税も「宗教の持つ危険」をはらんでいた。

教会税は次第に国家的に認められた税になっていく。

ローマ帝国がキリスト教を国教と認めて以降、ヨーロッパ諸国の多くの国がキリスト教を国教としてきたので、必然的にそういう流れになったのだ。

現在の西ヨーロッパ諸国の元となる国、フランク王国のカール大帝（742?～814）は、779年に「国民は教会に10分の1税を払わなくてはならない」と明言している。

そして納税の方法も細かく定め、「証人の前で自分の収穫の10分の1を分割しなければならない」とした。つまりは、自分の申告が正しいかどうか証人の前で証明しなければならないわけだ。

国王がそういうことを言っているのだから、もう完全に「強制税」となったのだ。

そして、この税によりキリスト教会（カトリック教会）は潤沢な資金を持つことになり、勢力拡大につながった。

この教会税が税として社会に確立していくうちに、「教会ビジネス」といえる動きも出てきた。

というのも教会のない地域に教会をつくれば、教会税を徴収できるのだ。教会税の大半は、税を徴収した地元の教会に入る。司教に「上納」するのは、教会税の4分の1だけである。

だから地域の有力者や、少し金を持っているものが、新たに教会をつくるようなことも生じはじめた。

ヨーロッパ中に新しい教会がつくられたのだ。

そのうち、教会同士による教会税の縄張り争いのようなことも生じてきた。するとキリスト教の司教たち（上層部）は、地域の教会同士の縄張りを決め、「新しくできた教会は、元からあった教会の10分の1税を横取りしてはならない」などの規則が定められた。

ヒエラルヒー

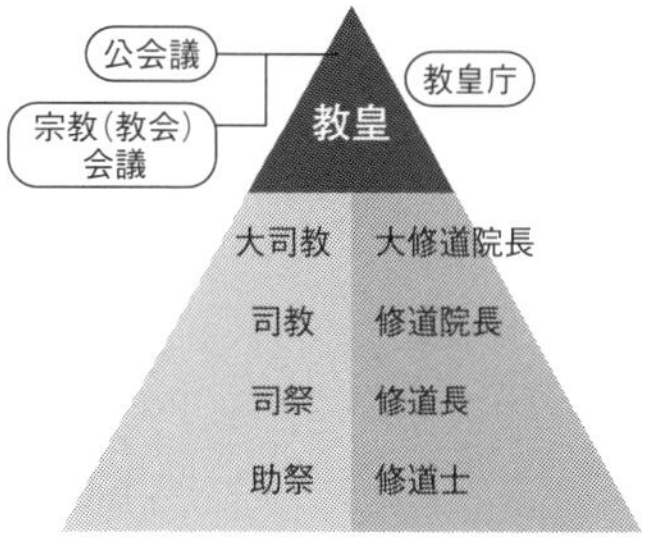

公会議
宗教（教会）会議
教皇庁
教皇
大司教　大修道院長
司教　修道院長
司祭　修道長
助祭　修道士

こうして税金が利権化するようになったのだ。

また貴族たちが教会を私有し、税の徴収権を得ることもよく起こるようになった。

やがて、この税は、それ自体が債券のように扱われるようにもなった。教会が自分の地域の「10分の1税を徴収する権利」を売り出すのだ。

かのシェークスピア（1564～1616）も、老後の生活のために税の債券を購入したと言われている。

教会税が世界侵略のきっかけになる

この教会税は、キリスト教普及の原動力ともなった。というより、ヨーロッパ諸国が世界侵略をするきっかけとなったのだ。

新しい教会をつくれば、地域から教会税を徴収できるのだから、まだ教会がない「未開の地」に、どんどん教会が建てられていくことになる。

教会を建てる側には「これはキリスト教の布教のためだ」という大義名分がある。教会税利権が欲しくて教会を建てていても、「人のためになっている」と自分自身に言い訳できるわけだ。だから良心の呵責（かしゃく）などもなく、どん欲に教会を建てることができるのだ。

この「教会を建てれば徴税権が生じる」という「教会税システム」は、やがて人類に大きな災いをもたらすことになる。

というのも、この「敬虔なキリスト教徒たち」がヨーロッパ内に飽き足らず、世界中に教会を建て始めたからだ。

ご存知のように15世紀から17世紀にかけて、スペインやポルトガルなどが新しい航路をどんどん開拓し、世界中に植民地を建設する。

いわゆる大航海時代である。

この大航海時代は、ヨーロッパ諸国が「アジアの香料を求めていた」というのが最大のモチベーションだった。ところが、もう一つ、「キリスト教の布教」ということも、彼らの大きなモチベーションだったのだ。

15世紀、ポルトガル、スペインは、羅針盤、造船技術などの発達により、世界各地への航路を開拓した。

この大航海時代は、ポルトガルのエンリケ航海王子（1394～1460）など国家的スポンサーなしではあり得なかった。つまり彼らの大航海は国家事業でもあったのだ。

そしてこの国家事業にはキリスト教の布教が付随していた。

1494年、ローマ教皇は「アメリカ大陸は、スペインとポルトガルの二国で半分ずつ分け合いなさい」という命令を出した。

これは、スペインとポルトガルの間で締結されたトルデシリャス条約と呼ばれるものである。この条約は西経46度36分を境界にして、世界をスペイン、ポルトガルの両国で二分するもので、形式の上ではアメリカ大陸のみならず、全世界が二分されることになっていた。

そのため当時、日本もこの両国に分割されたことになっている。

このローマ教皇の傲慢（ごうまん）ともいえる命令は、「キリスト教の布教」という大義名分があった。「未開の人々にありがたいキリスト教を教えてあげなさい」ということである。

そして未開の地に教会を建てれば、そこで徴税権が発生するわけだ。

ローマ・カトリック教会としても信者は増えるし、上納金も増えるので万々歳だったのだ。

しかし、不幸なのは現地の人々である。

スペインなどは教会税を拡大解釈し、アメリカ大陸で植民政策を進めるために「エンコミエンダ（信託）」という制度を採った。

「エンコミエンダ（信託）」とは、スペインからアメリカ大陸に行くものに現地人（インディオ）をキリスト教徒に改宗させる役目をもたせ、その代わりに現地での自由な徴税権を与えるというものだ。

ざっくり言えば、「キリスト教の布教」という建前を掲げることで、現地人からどれだけ収奪してもいいという許可を与えたのだ。

だからアメリカ大陸に渡ったスペイン人たちは、「キリスト教布教」を隠れ蓑にして、収奪と殺戮を繰り返した。

アメリカではたくさんの鉱山が発見されたが、そこから取れる金銀はすべてスペインが持ち帰った。それだけではなく鉱山開発には、多くのインディオたちが奴隷労働を強いられたのだ。

その結果、1492年からの200年間で、インディオの人口の90％が消滅したといわれている。

この時代、スペインやポルトガルは競ってアフリカやアジア、アメリカに侵攻し、過酷な略奪行為をした。彼らとて、単なる略奪では気が引ける。ところが彼らには「キリスト教の布教」と「教会税の徴収」という大きな大義名分があった。だからこそ思う存分、略奪ができたわけだ。

黒人奴隷は黒人によって売られた

大航海時代の副産物に「黒人奴隷の交易」がある。

「黒人奴隷の交易」は、欧米諸国にとっての「黒歴史」ともいえるものである。

16世紀から近代にかけて欧米諸国は、黒人奴隷貿易によって潤い、黒人奴隷を酷使した農場経営により経済発展してきた。

実は黒人奴隷というのは、西欧諸国が武力で黒人を捕えて奴隷化していたわけではない。

奴隷貿易　大西洋三角貿易

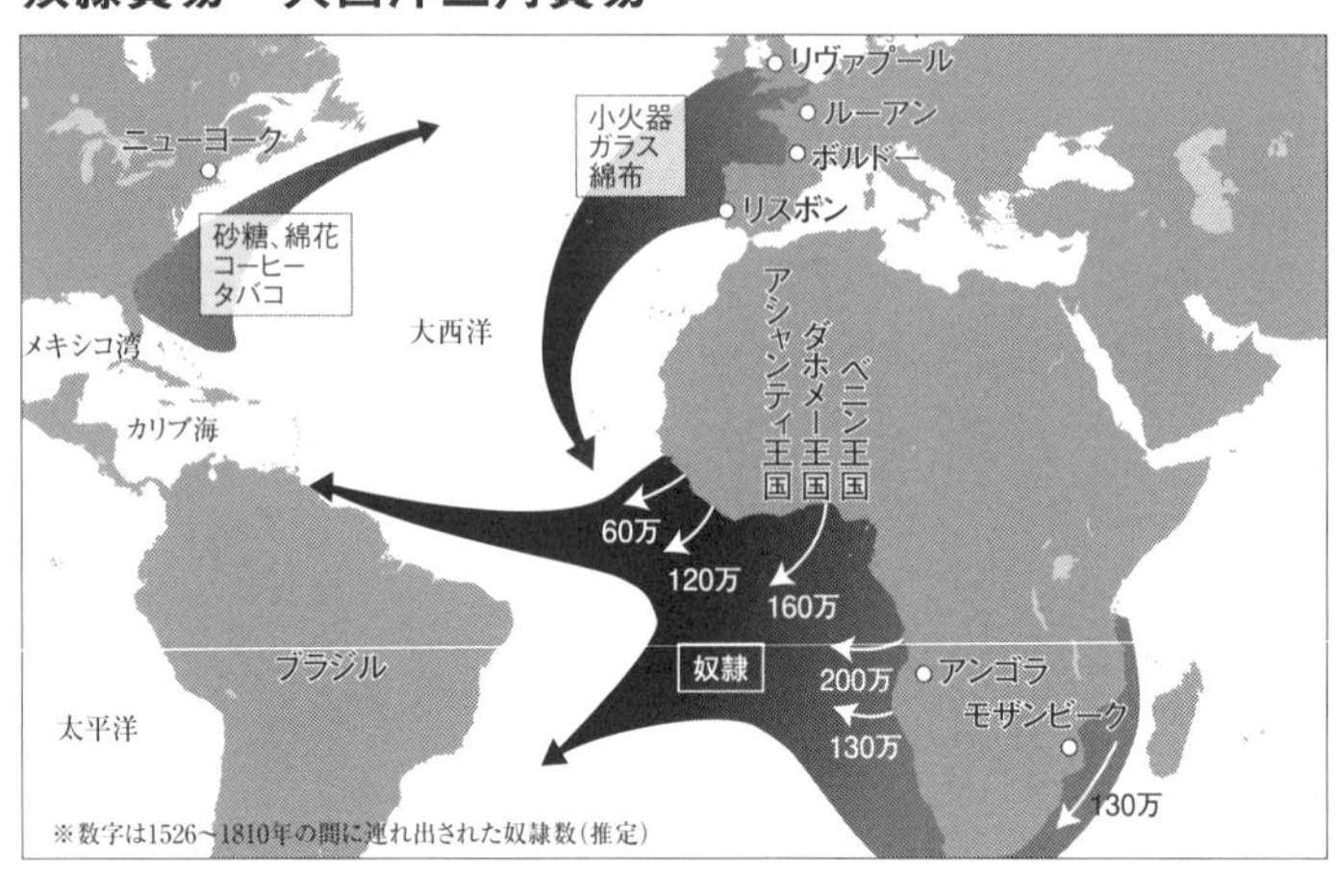

黒人奴隷のほとんどは、黒人自身により奴隷化され、売買されていたのだ。

16世紀当時、奴隷を主に購入していたのは、スペインだった。

スペインは、カリブ諸島などで砂糖の栽培をはじめており、熱帯地域で過酷な労働に従事できる黒人奴隷を必要としていたのである。

スペインに奴隷を販売していたのは、ポルトガルだった。ポルトガルは、黒人部族から奴隷を「仕入」していたのだ。

当時のアフリカ諸国では、黒人部族間の争いが絶えなかった。この争いで負けた側は勝者の奴隷になる風習があった。奴隷貿易を行っていたポルトガルはそれを利用したのだ。

その代表的な黒人部族（国）がダホメー王国である。

ダホメー王国というのは、ギニア湾に面した現在のベナン地域に勢力を持っていた黒人国家である。

ポルトガルは、彼らに銃、火薬、金属製品、織物などを渡し、代価として奴隷を受け取った。ダホメー王国は、ポルトガルから入手した武器を使って、周辺の黒人部族を制圧していき、そこで得た奴隷をまたポルトガルに売ることで勢力を拡大していった。

アフリカの黒人部族たちはポルトガル人にいいように利用され、滅亡と奴隷化の道に進んでいったのである。

また黒人に限らず、近代まで世界中の地域で奴隷の売買が行われていた。イスラムのオスマン・トルコでも奴隷貿易は大々的に行われていた。日本でも戦国時代の南蛮貿易では、日本人奴隷が輸出されていた。豊臣秀吉がキリスト教を禁教するまで、それは続けられたのである。

黒人は他の人種に比べて、重労働に耐えうる肉体を持っていた。そのためスペイン人の砂糖キビ農場経営者は、こぞって黒人奴隷を求めたのである。その結果、黒人奴隷がアメリカ大陸に大量に「輸出」されることになったのだ。

税収不足に陥るヨーロッパ諸国

教会税に話を戻すと、この税には、そもそも大きな欠陥があった。

それは、貧しい人の負担が大きいということだ。

たとえば年収1億円の人が10分の1税を払う場合は、貯蓄の中から払うことができるはずだ。しかし年収200万円の人の場合は、自分の生活費を切り崩して払うことになる。

現代の主要国の税制では、この欠陥を補うために累進課税という制度が採り入れられている。累進課税とは、収入の多い人ほど税率が高くなるという制度だ。

昔は累進課税の制度はなかったので、誰もが一律に税を払っていたわけだ。

またこの10分の1税というのは、中世のヨーロッパ諸国には大きな負担になっていた。

というのも、市民のほとんどが教会に10分の1税を払っているので、国家が国民から税を取る余地があまりなかったのだ。市民は、教会にすでに税を払っているのだから、それ以上、国に税金を払うような余裕がないわけだ。

中世ヨーロッパの国王というと、「絶対王政」などと言う言葉があるように絶対的な権力を持ち、潤沢な経済力を持っていたようなイメージがある。

しかし、実は決してそうではなかった。

中世ヨーロッパの王たちは、財政的には非常に脆弱だったのだ。

まず教会に10分の1税がとられる。だから民衆には、あまり多くの税を課すことができない。

そのため税収は国王の直轄領に頼ることになるが、これがそれほど広くはなかったのだ。そして中世ヨーロッパ諸国では、国全体が王の領土ではなく、教会、貴族、諸侯がそれぞれ領地を持っており、また国王は財源がなくなると直轄地を売却したりしていたのだ。

しかも中世から近世にかけてヨーロッパの国王たちは、戦争に明け暮れていた。戦争時に特別に税を課すこともあったが、庶民や貴族、諸侯などの反発もあり、そうそうできるものではない。

だから中世のヨーロッパ諸国の税金というのは、関税や間接税が主体となっていた。が、それだけではとても税収が足りない。

そのためヨーロッパ各国は、どうにかして教会への教会税を逃れる方法がないものかを模索するようになった。

ローマ教皇を幽閉したフランス

この教会税をめぐっては、世界史に残る大きな事件も数多く生じている。

14世紀には、フランスがローマ教皇を自国に幽閉するという事件が起きる。ローマ教皇というのは、ローマ・カトリック教会のトップである。これを誘拐するのだから、もちろん歴史的な大事件である。

「ローマ教皇のバビロン幽閉」

と言われているこの事件、日本人にはなかなかわかりにくいものである。

この事件も、最大の要因は実は教会税なのだ。

事件の経緯をご説明したい。

14世紀初頭のフランスでは、カペー朝フィリップ4世（1268〜1314）が国家統一を成し遂げつつあった。この国王は、イギリスと激しく対立しており小競り合いが絶えなかった。そこで軍費を調達するために、フランス領内にある教会領に課税しようとしたのだ。フランス領には広大な教会領があり、ここからは税金が取れなかったのだ。

ところがローマ教皇のボニファティウス8世（1235?〜1303）は、フランスでの教会領への課税を認めなかった。1302年、フランスに課税禁止の通知をしてきたのだ。

するとフィリップ4世は、フランス国民がローマ教会に納めていた10分の1税を停止させた。フランス国民も教会に払う税が負担になっていたので、国王を支持した。

もちろんローマ教皇のボニファティウス8世は、腹の虫がおさまらない。今度は、フィリップ4世に対して、教会からの破門をちらつかせ始めるのだ。

これに対してフィリップ4世はどういう行動をとったかというと、なんとローマ教皇を誘拐したのだ。1303年9月のことである。

フィリップ4世の顧問であるギヨーム・ド・ノガレ（1260〜1313）に率いられた誘拐団が、ローマ郊外のアナーニにいたボニファティウス8世を急襲した。

不意をつかれた教皇はあっさり誘拐され、そのまま幽閉されてしまう。そして誘拐団は退位を迫った。退位を承諾しないボニファティウス8世に対して誘拐団はこの場で殺してしまうか、フランスに連れ去るかを検討していた。

そうこうしているうちに、ローマの市民たちが救出に動き、間一髪のところで助け出された。ところがボニファティウス8世は1カ月後に持病の結石で急死してしまった。誘拐のストレスが大きかったとも言われている。

教皇の死後、フランスはローマ・カトリック教会にフランス人の教皇を選出するように強く働きかけた。

当時、フランスはローマ教会の中で大きな勢力を持っていた。中世フランスは敬虔なクリスチャンの国であり、フランス人の枢機卿も多かったのだ。枢機卿は、教会の最高顧問たちのことで、教皇の選挙権を持っている。

フランスはさらに働きかけて、同国寄りの枢機卿を増やした。

そして、ついに1305年には、フランス人のクレメンス5世（1264〜1314）がローマ教皇となった。フランスは、この教皇に対し教皇庁をフランスに移すようにと働きかける。

そして1309年、このクレメンス5世がフランス国王フィリップ4世の要請を受けて、教皇庁を南フランスのアヴィニヨンに移すのだ。

カトリック教会における「遷都」のようなものだ。

これによりフランスからローマに送られていた教会税は、国内にとどまることになった。

「フランス、ここまでやるか？」

という感じだが、それほど教会税が負担になっていたのである。

カトリック教会の歴史観においては、この出来事は「ローマ教皇がフランスに幽閉された」となっており、「バビロンの幽閉」というような言い方をされる。が、クレメンス5世は別に誘拐されたわけではなく、自ら進んでフランスに赴いたのだ。

そして、その後1377年までの68年間にわたって、教皇庁はフランス・アヴィニヨンに置かれた。つまり、この期間はローマ教皇庁ではなく、フランス・アヴィニヨン教皇庁だったのだ。この68年の間に教皇は6回交代しているが、いずれもフランス人だった。

当然のことながら、ローマは猛反発した。

教皇庁がフランスに移されたといってもローマの教皇施設はそのまま残っているし、関係者も大勢いる。ローマという街自体が教皇庁で持っていたような場所である。

そのためローマ派とフランス派による、カトリック教会の大分裂の危機となった。

フランス・アヴィニヨン教皇庁7代目の教皇であるグレゴリウス11世（1336?〜1378）は、さすがにこの重大危機を感じ、フランスの大反対を押し切ってローマに帰還する。

これで一応、ローマ教皇庁の復活ということになった。

ところが、今度はフランス側が猛反発した。

フランスは、教皇のローマへの帰還を認めず、別のフランス人の教皇を立て、引き続き「教皇庁はアヴィニヨンにある」としたのだ。

つまり、カトリック教会の教皇庁が二つに分裂したのである。

この状態は40年近くも続いた。

ようやく1417年の公会議（カトリック教会の世界会議）により、事態の収拾が図られた。

この会議により、ローマを唯一の教皇庁とすることが決定されたが、教皇庁の権限よりも、「公会議」の権限を優先することが新たに定められた。公会議とは、世界中のキリスト教会の代表者が集まる会議のことである。これ以前のカトリックにおいては、公会議よりもローマ教皇庁のほうが強い権限を持っていたのだ。

1309年のアヴィニヨンへの「遷都」から実に100年以上にわたって、フランスはローマ教皇庁と対立し続けたわけである。

その最大の理由は、教会税だったのだ。

第3章

キリスト教は〝金の問題〟で分裂した

メディチ家は教会マネーで繁栄した

カトリック教会は、その潤沢な資金を使って巨大で豪勢な教会を各地に建設した。フランスのノートルダム大聖堂や、ローマのサン・ピエトロ大聖堂などの有名教会は言うに及ばず、ヨーロッパではかなりの田舎でもお城のような教会が存在する。

その多くが教会の10分の1税によって建設されたものなのである。

カトリック教会はその財力のためか、中世には腐敗の極致に達していた。

当時のカトリック教会では、シモニアと呼ばれる聖職売買が横行していた。シモニアとは、司教などの聖職を金や利益供与などの見返りに売買することである。

そのため司教などの教会の要職のほとんどは、貴族たちの子弟で占められていた。司教はその地域のトップのことであり、非常に名誉な職だった。しかも潤沢な「教会マネー」を扱うことができる。貴族にとっては、富と名声を高めるために司教は恰好のアイテムだったのだ。

カトリックの聖職者は結婚することを禁じられていたので、貧しい家の子供がやむなくなるものというイメージを持っている人も多いだろう。確かに貧しい家の子供や、身寄りのない子供が聖職者になるケースも多かったが、聖職者として出世するのは資金力のある家柄のいい子に限られており、一般市民から司教などになることはほとんどなかった。

当時は、長男が家を継ぐということがほぼ常識とされていたので、貴族は家を継ぐことのできない次男、三男などを教会に送り込み、貴族の権力を駆使して司教などに出世させたのである。

中世ヨーロッパの教会がどれだけ財力を持っていたか、そしてどれほど腐敗していたかは、かのメディチ家に見ることができる。

メディチ家というのは、中世ヨーロッパで最大の資産家であり、レオナルド・ダ・ヴィンチ（1452〜1519）、ミケランジェロ（1475〜1564）など芸術家のパトロンとしても有名である。中世ヨーロッパの「ルネッサンス」と言われる優雅な芸術の数々は、メディチ家の資金援助で生み出されたものなのだ。

ロレンツォ・デ・メディチ

このメディチ家はもともとイタリア・フィレンツェの両替商だったが、ローマ・カトリック教会の資金管理を任されるようになってから急成長した。ローマ・カトリック教会には全世界で徴収される教会税が集積されており、メディチ家はその莫大な資金の管理運用を任されたのだ。

ちなみに当時の両替商というのは、銀行や金貸しと同様の業務も行っていた。キリスト教会では、聖書の中にある「貧しいものには利子をつけずにお金を貸してやれ」という文言を根拠に、長く「利子をつけてお金を貸す」ことが禁じられていた。だから表向きの看板を両替商として、実質的な金貸しを行っていたのだ。

メディチ家はこの両替商で財を築き、ローマ教皇に取り入って教会の会計を任されるようになったのだ。

メディチ家は、教皇の有力候補だったバルダッサーレ・コッサ枢機卿を支援していた。ローマ・カトリック教会のトップである教皇は、枢機卿の中から選挙で選ばれることになっていた。そして教皇選挙に勝つには、資金力が必要だとされていた。

メディチ家が応援していたバルダッサーレ・コッサ枢機卿は金遣いが荒く、既婚女性との不適切な関係の噂があるという、あまり素行のよくない人物だった。ところがメディチ家の支援のおかげか、教皇に選ばれヨハネス23世（1370?～1419）となった。

その結果、メディチ家はローマ・カトリック教会の財務を一手に引き受けることになり、莫大な収益を得たのである。

そののちメディチ家は、ロレンツォの息子で当主の弟ジョヴァンニ・デ・メディチ（1

レオ10世

475～1521）をローマ・カトリック教会に聖職者として送り込み、16歳の若さで枢機卿に就任させた。そしてジョヴァンニは、37歳という史上最年少でローマ教皇に就任、レオ10世となった。

こうしてメディチ家とローマ・カトリック教会との結びつきは強固なものとなり、メディチ家の歴史的な繁栄をもたらすことになった。

このレオ10世は免罪符の販売なども積極的に進めており、在任中にルターによる宗教改革運動が始まるのである。

カトリック教会が腐敗により分裂

1517年、ドイツの神学者マルティン・ルター（1483～1546）などが教会の形式化した教義を元に戻し、聖書に立ち返ることを旨とした改革運動を起こした。

この「宗教改革」によりキリスト教は分離し、今までのものが「カトリック教会」、新しくできたものが「プロテスタント教会」になった。

この宗教改革の大きなきっかけは、あの有名な「免罪符」だった。
教会に巨額の寄付をすれば、すべての罪を許してもらえるという、どう考えても罰当たりなあの制度である。キリスト教会は、それまでも十字軍の遠征費用などをねん出するために、何度も免罪符を発行してきた。16世紀の初頭に、イタリア・ローマの聖ピエトロ大聖堂の建設費を集めるという名目で、大々的に免罪符が発行されたこともある。ドイツのマインツ大司教などは「この免罪符を買えば天国に行くことを教会が保証する」と言っていた。

前々から免罪符のことを「おかしい」と思っていた人たちはたくさんいたわけで、そういう人たちが爆発したのだ。

もともと教会は、世界中のキリスト教徒から10分の1税を徴収しており、莫大な収入があったはずである。にもかかわらず、免罪符などという罰当たりなものを発行したものだから、怒りが爆発したのだ。

プロテスタント教会では、カトリックのように決められた税金などはなく、自分の払える範囲でいいとされた。そのため10分の1税に苦しんでいた多くの人々が、プロテスタントに改宗することになった。

1521年にカトリック教会はルターを破門したが、その考えに同調する聖職者や諸侯なども多かった。

諸侯の中には旧来のカトリック教会から離脱し、領内ではルターの唱える新しいキリスト教を導入するものが激増した。地域ぐるみでプロテスタントに宗旨替えするところも激増したわけだ。この宗教改革は、キリスト教世界を分裂させることになったのだ。

マルティン・ルター

ところでルターはキリスト教を浄化する一方で、強烈な反ユダヤ主義者でもあった。

彼は宗教改革を起こすときに、ユダヤ人も取り込もうとしてユダヤの長老たちを説得しようとしたが、ユダヤ側は聞き入れず、それを機に強烈な反ユダヤ主義者となった。

「ユダヤ人の家を打ちこわし、バラックか馬小屋のようなところに住まわせること」

「ユダヤ人の財産を取り上げ、彼らには肉体労働をさせること」

「ユダヤ人の安全な通行に対する保護を取り消すこと」

などと著書の中で述べている。後年のナチス・ドイツはこの内容をそのまま政策に移したようなものなのだ。元ナチスの高官ユリウス・ストライヒャー（1885～1946）は戦後の軍事法廷で「ルター博士がもし生きていたら、私と同じ被告席に座っていたことでしょう」と述べたほどだ。

イギリス国王のカトリック教会からの離脱

ルターの宗教改革に触発されて、国単位でカトリックから離脱するケースも生じた。キリスト教を国教としていた国々では、教会税に苦しめられており、宗教改革は渡りに船のようなものだった。

その代表的な例がイギリスである。

ヘンリー8世

ヘンリー8世（1491～1547）の治世の16世紀前半、イギリスのキリスト教徒たちは当然のように10分の1税を払っていた。これは4分割され、その一部はイギリスからローマの教皇に送られていた。

税収不足に悩んでいたヘンリー8世は、「宗教改革」という好機を逃さなかった。

1534年、イギリス国教会という新しい教会をつくり、「国王至上法」により、自分がイギリ

宗教改革と対抗宗教改革の流れ

宗派	カトリック（イタリア）	ルター派（ドイツ）	カルヴァン派（スイス・フランス）	イギリス国教会（イギリス）
教義	・聖書と伝承を重視 ・教皇至上主義 ・教皇無謬説 ・善行による救済	・聖書主義と信仰義認説にたつ ・その主張は内面的世界に限定され、秩序の破壊を否定したため、諸侯の支持をえた ・北ドイツ、北欧に広がる	・聖書主義と予定説が特徴 ・禁欲と勤勉の結果としての蓄財を肯定したので、新興市民層の支持をえる ・全西欧に広がり、資本主義社会への基盤をつくった	・イギリス国王を頂点とする国家教会主義 ・教義はプロテスタント的、儀式はカトリック的 ・貴族・富裕なジェントリ層が支持 ・国王の離婚問題に端を発した、政治的宗教改革
背景	1414 コンスタンツ公会議（～18）（教会再統一、フス火刑） 1494 サヴォナローラの改革→1498火刑	1403 フスの教会批判 1419 フス戦争（～36）		1378 ウィクリフの教会批判 1381 ワット=タイラーの乱

ス国教会の最高位者であると宣言したのだ。

これによりヘンリー8世は、イギリスのキリスト教会の財産をすべて手中にすることができた。10分の1税も、自分に納めさせるようにしたのだ。

「ヘンリー8世は、スペイン王女キャサリンとの離婚問題のためにローマ教皇から破門された。そのため、ヘンリー8世はイギリス国教会をローマ教会から離脱させた」と世界史の教科書には載っている。

しかし実はこの破門は、単なる口実だった。

簡単に言えば、ローマ教会から破門されるようにわざと自分から仕向けて、ローマ教会とイギリスの関係を絶ち、ローマ教会の収入を奪ったということである。

実は、キャサリンとの離婚を認めるようにローマ教皇に求めたとき、すでにヘンリー8世とローマ教皇の関係は悪化していた。というのも国王自身は、ローマ教会への10分の1税の支払いをやめていたからだ。

当然のことながら、そういう状況でローマ教皇から色よい返事が来るわけはない。案の定、離婚は認められず、破門とされてしまったのだ。

ヘンリー8世としては、思惑通りだったというわけだ。

教会税で没落するスペイン

フランスとイギリスが、かなり強烈な方法で税を逃れようとしたことを前述した。フランスとイギリスは、教会税から完全に離脱できたわけではないが、かなり距離を置くことができた。

しかし、「10分の1税」との距離を置けずに、沈んでしまった国もある。

その代表的なのがスペインである。

大航海時代まで、スペインはまぎれもなくヨーロッパ最強の国だった。

アメリカ大陸、アジア、アフリカなど世界中に植民地を持ち、日の沈まない帝国とも称された。

しかしスペインは16世紀の後半になって急に、坂道から転げ落ちるように衰退していく。国内の重要な経済地域だったオランダ、ポルトガルが相次いで独立して離れてしまい、バスクなど国内叛乱が頻発した。世界中に持っていた植民地も、イギリスやフランスなどに相次いで持っていかれてしまった。

そして「帝国主義の時代」と言われた17世紀から19世紀には、ヨーロッパの強国の座からは滑り落ちていった。

なぜスペインが16世紀末に急に衰退したのかというと、大きな原因が「教会税」なのだ。


スペインは、もともと天然資源に恵まれた地域だった。

同国は古代ローマ帝国の属州イスパニアにその起源があるが、古代ローマ時代から繁栄していた。金、銀、銅、鉛などが良質な鉱山があり、農地としても豊穣で小麦、オリーブ、ワインなどの産地だった。広大な古代ローマ帝国の中でも9番目の都市であり、小ローマと呼ばれていた。

スペインが大国としての形を整えたのは、15世紀のことである。

中世のスペイン地域はイスラム勢力にたびたび侵攻されていたのを、15世紀になるとキリスト教勢力がイスラム勢力を駆逐することに成功した。そして1469年には、この地域の二大王国である「カスティーリャ王国」と「アラゴン王国」が婚姻により統合された。

ここにヨーロッパの大国スペインが誕生するのだ。

大航海時代になると、スペインは主役に躍り出る。

当時のスペインは強力な海軍力を誇っていた。

その海軍力により世界の海に乗り出し、広大な植民地を獲得支配してきた。1571年にはレパントの海戦で、キリスト教国の宿敵だったイスラム圏の大国オスマン・トルコを破り、スペインの艦隊は「無敵艦隊」と言われるようになった。

スペインの最盛期に財政破綻する

ところが実はスペインは、オスマン・トルコ海軍を破った当時から、深刻な財政問題を抱えていた。

スペインは財政危機が慢性化し、デフォルトさえ複数回起こしているのだ。

1556年にスペインの王位を継いだフェリペ2世（1527～1598）は、アメリカ大陸などの広大なスペインの版図を相続したが、引き継いだ負債はそれよりも大きかったとされている。

そのためこの国王は、1557年と1575年の二回にわたって破産宣告をしている。破産宣告といっても、すべての財産を失って無一文になったわけではない。各地の商人から借りた金を「返せない」と宣言したわけだ。

今でいうところのデフォルトである。

このデフォルトによって、当時のスペイン最大の商都アントワープの商人などは大きなダメージを受けた。

もちろん、これはスペイン国王にも大きな打撃となった。

今も昔も同様、デフォルトを起こしたときの一番のデメリットは、次に借金がしにくくなることである。デフォルトを起こすような人（国）は、借金をしなければやっていけない状態のことが多い。その状態の中で新たな借金ができないとなれば、経済状態はさらに悪化していく。悪い条件でしかお金を貸してくれなくなるし、担保などの形で資産を切り売りしなければならなくなる。

フェリペ2世

スペイン国王といえどもそれは同じだった。

またこのフェリペ2世の後を継いだフェリペ3世（1578～1621）は、王位を継承した時点で歳入の8倍にも及ぶ負債があった。

世界中に植民地を持ち、アメリカ大陸から膨大な金銀を持ちこんでいたスペインが、なぜここまで財政悪化していたのか？

その大きな理由として教会税がある。

スペインはイスラム世界と接する地域にあり、「キリスト教の砦」を自認していた。そのためイスラム圏とは、つねに小競り合いを繰り返していた。その軍備だけでも相当な財政負担となった。

かの無敵艦隊を維持するだけでも、相当の費用がかかっていた。この維持費として1572年から1575年の間に1000万ダカットかかったと記録されている。これはスペインの歳入の2倍にあたる金額である。

スペインはイスラム勢力との最前線に位置しているので、カトリック教会から特別に資金的な支援を得ていた。しかし、それは教会がスペイン国内から徴収している教会税の一部を返還するというだけのものだった。教会税がスペイン国民の大きな負担になっていたことは変わらなかった。また教会の支援額はスペインの戦費を埋め合わせできるものではなかった。

そしてスペインは、キリスト教世界で宗教改革が起きたときも、「カトリック教会支持」を堅持し続けた。

それは例の「10分の1税」など教会税のしばりを受け続けることになったのだ。

消費税の負担で打撃を受ける

スペインは敬虔(けいけん)なカトリックの国であり、国民はみな10分の1税を払っていた。国としては国民からそれ以上の直接税を取ることは、なかなか難しいものがあった。

そのためスペインは、アルカバラと言われる「消費税」で財源を補おうとする。

これが、同国を衰退させた最大の要因だと思われる。

このアルカバラという消費税は、中世の頃イスラム圏から持ち込まれたものである。大航海時代からスペインは、このアルカバラを税収の柱に置いていた。

当初は不動産や一部の商品の取引にだけ課されており、税率もそれほど高いものではなかった。徴収されていた地域も国王のおひざ元のカスティーリャ地方だけだった。

ところが16世紀の後半、財政問題が深刻化したため、カスティーリャ地方に直接税、塩税などを新設しようとする。これまでもカスティーリャ地方には、何度もセルビシオと呼ばれる臨時上納金を課してきた。スペイン国王フェリペ2世にとってカスティーリャはおひざ元であり、財政的にはここを頼らざるを得なかったのだ。

しかしカスティーリャ地方の住民も、ただ黙って増税を受け入れ続けたわけではない。新しい税を創設されれば、半永久的に徴収されることになるので、当初は新税創設の代わりに、セルビシオ（臨時上納金）を払うことで済ませようとした。

国王も一旦はそれで引き下がったが、臨時上納金だけでは財政悪化は収まらない。そこで1575年にはアルカバラの税率が大幅に引き上げられた。その結果、アルカバラの税収は3倍に増えた。

オランダとポルトガルが離反

またフェリペ2世は、このアルカバラを他の地域にも導入しようとする。

まずターゲットになったのはオランダだった。中世のオランダはスペインの一部であり、経済的に非常に発展した都市だった。

しかしオランダは宗教改革以降、急激にプロテスタントが増えており、カトリックの砦を自認するスペイン国王と対立しつつあった。

そんな中でスペインは、オランダに何度も特別税の徴収をしてきた。しかも今度はアルカバラを導入しようとしたのだ。オランダ人たちは猛反発し、武装蜂起することになる。

1568年から始まったこのオランダ人の武装蜂起は約80年近く続いた。

「オランダ独立戦争」

「80年戦争」

と呼ばれるこのオランダ人とスペインの戦争は、1648年のヴェストファーレン条約での「オランダの独立承認」という結末に至る。

スペインは、これで経済の要衝の地を失うことになるのだ。

またスペインがオランダとの80年戦争をしている間、他の地域でも不穏な動きがあった。

1640年には、ポルトガルがオランダと似たような理由で武装蜂起をした。当時フェリペ2世がスペインとポルトガルの両方の国王を兼ねており、(1580年から)両国は合併状態にあった。

当初、両国は良好な関係を築いていたが、スペインの財政悪化のためポルトガルにも消費税アルカバラを導入した。もちろん、ポルトガル経済は大きな打撃を受け、ポルトガル人からは大いに恨まれていた。

そしてオランダやカタルーニャ地方など各地で反乱が相次ぐ中で、今がチャンスとばかりに、1640年にポルトガル人も武装蜂起をしたのだ。

この戦争は28年間続き、最終的にポルトガルの独立が承認された。

無敵艦隊が敗れる

スペイン財政の悪循環は止まらない。

スペインは、アルカバラの課税対象を拡大していった。

1590年には食料品など生活必需品にも課せられるようになった。この食料品などへかけられた消費税は、ミリョネス税と呼ばれていた。国民から非常に恨まれた税金である。

消費税は、現在でも国の景気を後退させる作用がある。が、この当時のスペインの消費税アルカバラやミリョネス税はさらにそれがひどかった。

現在、世界各国で課せられている消費税のほとんどは、その商品を最終的に消費する人が、一回だけ消費税を払えばいいという仕組みになっている。

しかし当時のスペインの消費税アルカバラは、その商品に一回だけ課税されるのではなく、その商品が取引されるたびに課税された。

だから輸入品や遠隔地から運ばれてきた商品は、商人の間で取引されるごとに消費税がとられたので、商品の価格はどんどん上がっていくことになった。

スペインへの銀の輸入量(1521〜1660年)

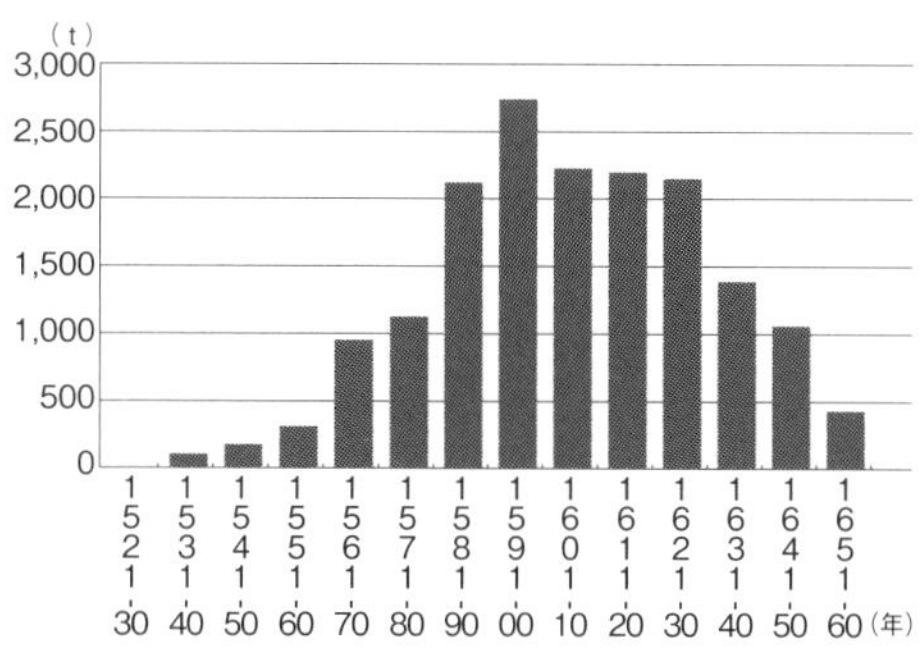

(Hamilton, *E.J.American Treasure and the Price Revolution in Spain, 1501-1650.* より作成)

国王側としては、このシステムは税収が増えることになる。

一つの商品にこれだけ高い消費税が課せられれば当然、物価も上がるし、景気は低迷する。実際、大航海時代のスペインでは、物価が大幅に上昇している。

この物価上昇は、定説としてはアメリカ大陸から大量の銀が流入したためとされてきた。ところが実はスペインの物価上昇は、銀流入の前から始まっているのだ。

物価が上昇すると、商品が他国に比べて割高になり、スペイン産品が輸出しにくくなる。その一方で、安い輸入品が国内で出回ることになる。

その結果、スペインは国際収支が悪化した。


その一方で、納税を免除される「貴族」が激増していた。

この時代、スペインの貴族は激増しており、スペイン国王のおひざ元であるカスティーリャ地方では約60万人の貴族がいた。

なぜこれほど貴族が増えたかというと、騎士（ナイト）や郷士（イダルゴ）などの低い称号は、お金を出せば買うことができたからだ。そしてナイトやイダルゴになれば、平民には課せられている税金が課せられなくなる。

スペイン王室は、財政難のために騎士や郷士の称号を大々的に売りに出したのだ。その結果、一時的には財政的な助けになるが、どんどん高額納税者を失っていくことになった。

その結果、スペインでは多くの国民が重税にあえぐ一方で、税金を免除された富裕層が激増していたわけだ。これはローマ帝国末期などと同様で、国が衰退していく非常にオーソドックスなパターンでもある。

またスペイン王室は、王領なども売りに出した。これも一時的には財政を好転させるが、収入源を減らすことになる。長期的に見れば、大幅なマイナス要素となる。

やむなく、スペインはスイスなどの銀行家から借金をすることになった。

が、スペインは借金額が膨らんでいたので利子が急激に上がった。

１５２０年代には17・６％だったが、１５５０年代には48・８％にも達していた。

南米のポトシ銀山から運ばれてくる大量の銀は、スペイン・カディス港に運ばれても荷揚げされることなく、ヨーロッパ各地に送られた。国際収支の決済と、国王の借金の返済のために、各地の商人の元に届けられたのだ。

スペインの国際収支悪化、財政悪化は、スペインの海運業にも深刻な影響をもたらした。16世紀後半までスペインは、イギリスやフランスの２倍の商船隊を持っていた。それが、かの「無敵艦隊」の礎となっていた。

しかし17世紀になると、船舶数で75％以上の激減となり、スペインの港は外国船に占められるようになったのだ。

スペインの造船業も、ほぼ死んでしまったのだ。

当時の海軍船というのは、日頃は商船として使用している船舶を戦時には軍艦として利用することも多く、海運業の衰退はすなわち海軍力の衰退を意味した。

スペインの無敵艦隊が急速にその力を失っていったのは、スペインの財政悪化、国際収支の悪化のためであり、ひいては教会への負担が大きすぎたためだったのだ。

プロテスタント国の侵略

カトリックの腐敗をただすために誕生したプロテスタントだが、彼らも決して善良だけの宗教ではなかった。

というより、宗教の持つ独善性や排他性をより強く持っていた。

プロテスタントの残虐性がもっとも如実に表れたのが、イギリスである。

中世から20世紀にかけて世界中に植民地を持ち、七つの海を支配したといわれるイギリスという国は、グレートブリテン島とアイルランド島で成り立っている。地図で言うならば、ヨーロッパ大陸の上のほうに、ポンポンと二つの島が並びあっている、そこが大英帝国の本拠地である。

このグレートブリテン島とアイルランド島は、プロテスタントとカトリックの争いの縮図のようなものなのである。そしてこの争いは、現代まで続いているのだ。

もともとイギリスはグレートブリテン島から生じた国である。そしてアイルランド島は、イギリスにとって曖昧な存在だった。すぐ近くにある島なので人の行き来も頻繁にあった。

アイルランドとイングランド島とは、距離的に20キロくらいしか離れていない日本で言えば、本州と北海道くらいの距離なのだ。アイルランド島とグレートブリテン島の最短距離は約22キロ、本州と北海道は最短距離で約19キロである。

中世からイギリスの国策として、アイルランド北部への移住もすすめていたので、本国と同じようなものでもあった。

しかし政治的には、なかなか明確に統一されなかった。

16世紀半ば、イギリスのヘンリー8世はアイルランド王を名乗っていたが、アイルランドの貴族たちはそれを認めていなかった。

やがて1649年、オリバー・クロムウェル（1599〜1658）の遠征によって、アイルランドは正式にイギリスの支配下に入るのだ。

クロムウェルはイングランド東部ハンティンドン州の名家出身で、清教徒（イギリス国教の改革を唱えたプロテスタントのグループ）として政治活動を行い、1642年から始まった清教徒革命では司令官として数々の戦いで勝利を収めた。スチュアート朝を倒した象徴的な人物である。

このクロムウェルはスチュアート王朝を倒したあと、アイルランドに遠征し武力で平定する。それ以降、アイルランドはイギリスの植民地のようになるのだ。

イギリス本国とアイルランドの間には、宗教的な対立があった。

イギリス本国のグレートブリテンもアイルランドも、もともとはカトリックに属していた。しかしヨーロッパで吹き荒れた宗教改革の後の１５３４年、イギリス王家はプロテスタントに改宗する。それにともなって、グレートブリテン全土がプロテスタントになったのだ。

イギリス本国が宗教改革を機にプロテスタントになったのに対し、アイルランドの住民は特に改宗することもなく、そのままカトリック教徒が多かった。そのためイギリスがアイルランドを支配下に置いたとき、深刻な対立が生じてしまったのだ。

イギリスは、アイルランドにプロテスタントを強要したため、アイルランドの人々は激しく抵抗した。

しかしアイルランドの抵抗戦争は敗北し、アルスター地方（北部６県）では人口の大半が死に、土地はすべてイギリスに没収される。イギリス政府は、アルスター地方に農民を移民させた。そのため現在、アルスター地方にはプロテスタントのイギリス人が多く住んでいる。

このときアイルランドの多くの土地は、イギリス本国の人たちによって占有されることになる。

数百万人の自国民を見殺しにしたイギリス政府

アイルランドの農民たちは、農地の3分の2に小麦などを植え、残りの3分の1の痩(や)せた農地にジャガイモを植えた。そして小麦などはイギリス本国の地主に送り、自分たちはジャガイモを食べて暮らしていた。

ジャガイモは意外に病害に弱いという性質もあり、不定期に不作が生じることがある。その病害による大不作が1845年に起きる。アメリカで発生した病害がヨーロッパに広まり、ヨーロッパ中のジャガイモ畑が大きな影響を受けたのだ。

特にアイルランドでは深刻な打撃を受け、ジャガイモの収穫は40％減となった。

ところがイギリス政府は、アイルランドにほとんど救済策を施さなかったので大飢饉に陥った。1841年の時点でアイルランドは800万人以上の人口があったが、このジャガイモ大飢饉が終わった後の1851年には650万人になっていた。減少した150万人のうち約100万人はアメリカなどに移住し、そのほかは餓死したと見られている。アメリカ人にアイルランド出身者が多いのはこのためである。

それにしても1840年代といえば、イギリスがアヘン戦争を起こしたときであり、大英帝国が世界中で勢力を張っているときである。当時のイギリス政府は、世界でもっともお金を持っていたはずだ。

にもかかわらず飢餓に陥った自国民をほとんど救済せずに、多くの餓死者を出してしまったのだ。

これには、イギリス本国とアイルランドの宗教的な対立も影響していると見られる。

当然のことながら、アイルランドの人々がイギリス本国に対して良い印象を持つはずがない。アイルランド人は、いくら弾圧されてもイギリス本国に対する抵抗をやめなかった。

18世紀になると、アメリカ合衆国の独立やフランス革命等の影響で、アイルランド人たちもイギリスからの独立運動を始めた。

イギリスは独立を防ぐために、逆にアイルランドを正式に併合した。それが1801年のことである。

現代に続くアイルランド紛争

もちろん、そんなイギリス本国に対して、アイルランドの人たちがいい感情を持っているはずがない。というより、強烈な反英感情を持っている人が多い。

アイルランド人の反英感情は19世紀末に頂点に達した。ヨーロッパ各地の独立ブームもあって、アイルランドでも独立運動が巻き起こる。しかしイギリスは頑としてアイルランドの独立を認めなかった。

そして1922年、第一次大戦後のドサクサの中、アイルランドは事実上独立した。その後の1949年には国際的にも認められ、アイルランド共和国が成立したのだ。

しかし、このときイギリスはアイルランド全島の分離独立は認めなかった。イギリスからの入植が進んでいた北アイルランドは、プロテスタントのほうが多い。だから北アイルランドの一部は独立させなかったのだ。

この独立交渉においてイギリスは、ロイド・ジョージ（1863〜1945）などの老練な政治家が対応した。交渉に慣れていないアイルランド側はいいようにしてやられ、全島ではなく分離独立となってしまったのだ。またイギリス連邦の一員として残り、王室に忠誠を誓うことも約束させられた。

アイルランド共和国として独立したのは、アイルランド島南（主要部分）であり、北部のアルスター地方のうち6州はイギリス領のまま残された。つまりアイルランドでは、島内がアイルランド共和国領とイギリス領に分かれることになったのだ。

アイルランド国民はイギリスのこの処置に納得せず、アイルランド全島をアイルランド領とすることを要求し、テロ活動を始める。

これがいわゆる北アイルランド紛争である。

北アイルランドではアイルランド人によって、アイルランド共和国軍（ＩＲＡ）という武装組織がつくられ、60年代終わりから80年代にかけて頻繁にテロを繰り返した。イギリス政府も、それに対して厳しい対応をとった。北アイルランドに軍を派遣し、発砲することもあった。１９６９年からの30年間で３０００人以上が犠牲になったといわれている。

また北アイルランドにはイギリス系の住民も多いので、彼らとて黙ってはいなかった。ＩＲＡに対抗してプロテスタント系住民による武装組織アルスター義勇軍（ＵＶＦ）などもつくられ、両陣営の血で血を洗うテロ合戦が繰り広げられた。

この北アイルランド紛争は、21世紀まで続き、イギリスが北アイルランドの大幅な自治を認めることによって２００９年にようやく和平が実現した。ところが今でも散発的に暴動などが起きている。

強大な財力を持っていたフランス教会

古代から近代までのヨーロッパで絶大な財政力を持っていたローマ・カトリック教会は、

フランス革命とナポレオン・ボナパルト（1769〜1821）の登場により大きなダメージを受け、その財政力は大きく削がれることになる。

フランス革命というと、「贅沢三昧だった王室」に怒った「重税にあえぐ民衆」という構図で語られることが多い。

パンをよこせと騒ぐ民衆を見て、王妃のマリー・アントワネット（1755〜1793）の「パンがないならケーキを食べればいいじゃないの」と言ったなどという伝承もある（この言葉は実際にマリー・アントワネットが言ったのではなく、後世の創作のようである）。

とにもかくにもフランスの国王は莫大な財と権利を持ち、虐げられてきた民衆というイメージは、我々の歴史観の中で根付いてしまっている。

フランスの国王というと、「絶対王政」という言葉でも知られているように、絶大な権力を握って民衆を虐げてきた印象がある。

実はフランスの国王はそれほど強大な権力も莫大な財産も持っていなかった。

それどころか、歴代のフランス国王は破産さえ何度もしている。これはヨーロッパの他の国王も同様だった。

なぜフランス国王が何度も破産に追い込まれたのかというと、財政基盤が弱かったからである。

聖職者（教会）や貴族が強い力を持っていて、彼らは国家に対する税金が免除されていた。フランス革命前のフランスの人口は２３００万人とされている。そのうち聖職者は10万人にすぎないのに、その土地は全国の10分の１に達していた。彼らには決められた税金は課せられておらず、自分たちで決めた金額を国に納付するだけだった。

また貴族は40万人足らずとされていたが、フランス国内の90％の富を独占していたともいわれている。

つまり当時のフランスは聖職者と貴族以外は、カスカスの状態だったのだ。

そのカスカスの中から国王は税金を徴収し、他国との戦費などを確保しなければならなかった。

フランス革命のときの国王ルイ16世（つまり処刑されてしまう国王、１７５４〜１７９２）も大変な借金を抱えていた。前国王の７年戦争や、アメリカ独立戦争支援などの戦費により、フランスの借金は30億リーブルに達していたのだ。

これまで何度かデフォルトを起こしたフランスは、金融家から信用がなかった。そのため利子が５〜６％と高く、利子支払いだけで年間２億リーブル近くになる。当時のフランスの国家収入が２億６０００万リーブル程度だったので、歳入の大半が利子の支払いに充てられることになった。

実はルイ16世は、かなり国民思いの国王だったようである。というのも、この財政危機に際し、これ以上、国民から税を取らずに貴族や教会（聖職者）に税を払ってもらおうと考えたからだ。

また歴代のフランス国王も、実は教会や貴族にもっと税金を払うように働きかけていた。しかし、ほとんどの国王が教会や貴族に反発され、課税を断念している。

フランス革命で教会が衰退する

ルイ16世は1777年に、スイスの銀行家ジャック・ネッケル（1732〜1804）を財務長官に抜擢する。

これにはスイスの金融に広いコネクションを持っている銀行家を登用することで、スイス金融からの支援を受けようという意図があった。当時、スイスはフランスにとって重要な金の借り入れ先だったのだ。

それともう一つ重要な意図があった。

それは、国内にしがらみのない外国人を財務大臣に起用することで、教会や貴族などが持っている特権を排除しようとしたのである。

これには、フランスの教会や貴族たちが猛反発した。彼らは、「パンフレット」などを大量に発行し、ネッケルを攻撃した。当時のフランスでは、現在の雑誌のような薄いパンフレットが多数発行され、市民に広く読まれていた。

ネッケルがプロテスタントということもあって、カトリック教徒の多いフランスでは攻撃対象にもしやすかったのだ。

「スイスの富裕な銀行家がフランスの富を横取りしようとしている」

等々と書かれたパンフレットがパリ中に氾濫した。

それに対して、ネッケルは強力な対抗策を取る。

フランスの国家の歳入と歳出の内容を市民に公表したのだ。

それまで一国の国家財政というのは、秘密のベールに包まれているものだった。現在でこそ国の財政は、国民や世界に向けて公表されるのが常識となっているが、近代以前の国家では財政内容を決して公表することなどはなかった。ネッケルとしては、自分が潔白であることを証明するための苦肉の策だったともいえる。

が、この国家財政の公表は、フランス市民に大きな衝撃を与えることになった。

国家歳入2億6000万リーブル、そのうち王家の支出に2500万リーブルもが費やされていたのだ。国民の年収が1000リーブル前後だったので、2500万リーブルというのは、想像もつかない金額だった。

当時のフランスでは農作物の不作などにより、庶民は苦しい生活を強いられていた。ネッケルの会計公表で、民衆の批判の矛先が王室に向けられることになったのだ。

ネッケルとしては、貴族たちからの批判をかわすために国家財政を公表したのだが、意に反して国王が攻撃の対象になってしまったのだ。

また、この会計公表により、ネッケルはフランス市民の強い支持を得ることになった。

「ここまで具体的に数字を明らかにするということは、ネッケルは潔白だということ」

「そして改革に対して強い意志を持っているということ」

この2点がフランス市民に評価されたのだ。

ジャック・ネッケル

ネッケルの会計公表により強い批判を受けることになったルイ16世は、1781年にネッケルを一旦罷免する。しかしフランス市民の圧倒的な後押しを受け、ネッケルは7年後の1788年に財務長官に復職した。

その翌年の1789年、ルイ16世が再びネッケルを罷免しましてしまうと、パリの市民たちは激怒した。当時、ルイ16世は三部会を開催し、貴族と聖職者の税負担を求めようとしていた。

しかしパリの市民たちの怒りは抑えようがなく蜂起に発展するのだ。

こうしてフランス革命が起こったのだ。

フランス革命では、カトリック教会も目の敵にされ、多くの教会が略奪などの被害を受けた。数万人の聖職者が犠牲になったともいわれている。キリスト教的なものはすべて破壊されるような勢いで、教会領は一時的にすべて国に没収された。

その後、フランス革命政府はローマ・カトリック教会と和解し、教会にも一定の権利が認められたが、その財力は著しく低下した。

フランス革命後に登場したナポレオンは1798年、ローマをも占領しローマ・カトリック教会も管理下に置いた。彼はローマ・カトリック教会を排斥こそしなかったが、広大な教会領は、ナポレオンによってつくられたローマ共和国の所有となった。

その失脚後、教会領はローマ・カトリック教会に戻されたが、財力と権威の低下は避けられなかった。

こうして近代に入ると、イギリス、フランス、イタリアにおいても、ローマ・カトリック教会はその影響力を大きく減じることになったのだ。

第4章

日本を千年近く支配した仏教勢力

バラモン教の対抗思想だった仏教

世界の三大宗教とされているものは、キリスト教、イスラム教、そして仏教である。

仏教というのは、紀元前5〜6世紀頃に、古代インドのヒマラヤ山麓（現在のインド、ネパールの国境地帯）のブッダによって開かれた。

ブッダの生家は、古代インドの一国である「釈迦族の国」の王家だった。

当時のインドでは、バラモン教（のちのヒンズー教）が人々の信仰を集めていた。

バラモン教には厳しい身分制度があった。いわゆるカースト制度である。

まずバラモン（司祭）、クシャトリア（武士階級）、バイシャ（市民階級）、スードラ（奴隷）という四つの大きな区分があり、その中にも細かい区分があった。人は輪廻転生を繰り返し、前世の行いが今生の身分に反映するという思想だったのだ。だから奴隷に生まれた人は、「前世で悪業を働いたから奴隷に生まれた」ことになっていた。

しかし厳しい修行をして解脱を得れば、そういう輪廻転生のループの中から抜け出せるとも考えられていた。そして解脱をすれば、生や死や老や病気、悲しみや怒りなど人のすべての苦しみからすべて解放されるというのである。それがバラモン教の基本思想だった。

バラモン教にもさまざまな宗派や考え方があるが、多くの大衆が信仰しているのはこういうものだった。

ブッダも、最初はこのバラモン教の修行者だった。王の家に生まれたブッダは自分の人生に疑問を持ち、人生の苦しみを解決する方法を会得したいと考えたのだ。

当時、たくさんの思想があり、修行の方法もいろいろあったが、どれにも共通していることがあった。それは「厳しい修行の果てに悟りに行き着く」ということである。断食やわざと苦痛を与えて心身をいじめ抜いた末に、「解脱」ができる、と思われていたのだ。

ブッダも厳しい苦行を何日も行ったという。食べ物もほとんどとらず、骨と皮だけになってしまっていたとも言われている。

そしてこのままでは、あと何日かで死んでしまうだろうというとき、ブッダは苦行をやめてしまった。

「苦行をしたって何の意味もない」

そう悟ったのだという。

ヒンズー教の浸透

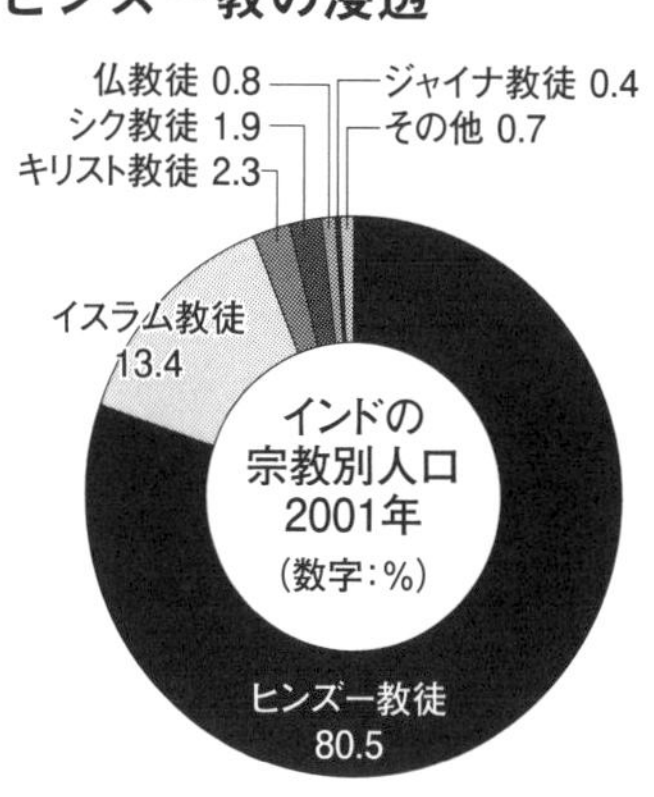

ブッダは苦行をやめてすぐに、スジャータという親切な娘から乳粥をもらったということになっている。そしてブッダは、

「苦行をして解脱し、人生のすべての苦しみがクリアできるような、そんな都合のいい話は存在しない」

「生、病、老、死、悲しみ、苦しみ、怒りなどをありのままに受け入れる」

「この世には聖も俗もなく人に貴賤はない」

という仏教の思想に開眼するのだ。

つまり、ブッダの思想は「厳しい修行をやり遂げたものだけが人生の問題のすべてを解決できる」というバラモン教の思想のアンチテーゼだったのだ。

「人生をありのままに受け入れる」

というブッダの教えは誰にでも容易に理解し実行できるものだったために、当初は爆発的に広がった。

またブッダは「人に区別はない」「前世の報いで身分が決まるようなことはない」とし、バラモン教の強固な身分制度を批判した。実際にブッダは、当時もっとも蔑まされていた売春婦にも喜んで説法をし売春婦のまま弟子にしたりもしている。

初期仏典によると、ブッダは弟子たちに難しい教えを説いたり修行などをやらせたこと

はなく、誰にでもわかる言葉で世の中の道理を説いただけなのである。

そしてブッダは死ぬ直前にも弟子たちに「これからは世の中の道理と自分の心を頼りに生きていけ」と諭している。つまりブッダは、厳しい修行や難解な教義などを課したことはなく、「誰もが自分の心を信じて生きていけばいい」と述べているのだ。


初期仏典の中に「人に優しく、誰にでもすぐに実行可能な教え」があることは、古来から知られていた。また仏典の中で人気のある説話というのは、だいたいそういった「人に優しく、誰にでもすぐに実行可能な教え」だった。

ところが後世の仏教団は、それが仏教の本質とはしなかった。仏教の本質は、「長い修行の末に会得できるもの」とされていたのだ。

なぜかというと、もしブッダの本当の教えが「人に優しく、誰にでもすぐに実行可能」だった場合、仏教団や僧侶たちはその存在意義を失ってしまう。誰でもすぐに実行できるのであれば、指導する僧侶は特に必要なくなるからだ。

だから彼らにとっては、それが間違いだとしても、「仏教は難解で厳しいもの」である必要があったわけだ。

後世のブッダの弟子を名乗る人々は教団をつくり、経済規模が大きくなっていくに従い、教義は難解になっていき、厳しい修行が課されるようになった。

信徒を獲得し寄進を増やすには、仏教の教えに「ありがたみ」を加えなくてはならない。「ありがたみ」を増やすには、「仏教の教えはそう簡単には獲得できない」システムにしたほうがいいというわけだ。教義を難解にし厳しい修行をすることで、僧に威厳を持たせ、信者や寄進を増やそうというのだ。

キリスト教が、

「教会を通さなければ神とコンタクトをとることができない」

「教会が神への唯一の窓口」

という方向に傾いていったのとそっくりである。

こうして宗教はビジネス化していくのだ。伝統のある宗教も現代の新興宗教も宗教のビジネス化の「基本システム」は変わらないのである。

仏典は古くなればなるほど、厳しい修行や難解な教義に関する記述はなくなっていく。もっとも古い仏典とされている原始仏典と言われているものは、誰にでもわかり簡単に実行できるものばかりの記述になっているのだ。仏教というのは、本来そういうものだったのだ。

また原始仏典では「宗教儀式などは意味がない」と切り捨てている記述が多くなる。今の仏教は「宗教儀式そのもの」なので、ブッダの教えとは正反対を行っている可能性が高いのだ。

「厳しい修行をすればすべてを超越した人になれる」

という思想は、人の弱さの裏返しでもあり、現在でもはびこっている考え方である。オウム真理教などはまさにこの思想であるし、伝統ある仏教宗派にもこういう思想を持っているものは多い。我々も厳しい修行を成し遂げたお坊さんなどを賞賛するきらいがある。

しかしブッダが開眼した思想はそれと真逆なことなのである。仏典は古くなればなるほど、「苦行などは愚かなこと」「世の中のことをありのままに受け入れよ」というような文言が多くなる。もっとも古い仏典とされているスッタニパータの第4章、第5章などには如実にそれが表れている。

ブッダは、苦行をやめて悟りを開いたという厳然たる事実があるにもかかわらず、人は愚かなもので時間がたつに従って「苦行すればすべてを超越できる」「苦行した人は偉い」という方向に思考が傾いていき新しい仏典には「苦行を奨励するような内容」が増えてくるのだ。その愚かさの究極にオウム真理教やカルト教団があるといえるのだ。

アショーカ大王の功罪

この仏教は、発祥の地であるインドではそれほど広まらなかった。

その大きな原因は、バラモン教に取り込まれてしまったからである。

そして仏教がバラモン教に取り込まれた理由として、ある王の宗教政策があるのだ。

初期の仏教に大きな影響を与えた人物に、アショーカ大王（前268〜前232？）という人がいる。

彼は紀元前4世紀から紀元前2世紀の頃に、インドのほぼ全域を統治したマウリヤ朝という王朝の三代目の王である。

この人は、仏教の歴史を語る上で欠かせない人なのだ。

アショーカ王は、ブッダの死後100年から200年頃の人である。彼は当時、新興宗教だった仏教に入信し、教団を保護した人である。この王の保護のおかげで、仏教は飛躍的に広まったとされている。

そしてアショーカ王は、仏典の編纂などに力を注いだとされている。初期仏典のかなりの部分は王のプロジェクトによって採取、編纂されたと見られている。

ところが、このアショーカ王は、仏教だけを大事にしたわけではなく、昔からのバラモン教や、仏教と同時期に勃興してきたジャイナ教など、宗教全般を大事にした人である。アショーカ王自身は、王権獲得のために異母兄弟などを100人近く殺害したとされ、また国の勢力拡大の過程で何万人もを虐殺したとされている。彼は、自分の行いに対して悔恨の念を持ち、贖罪のために各宗教を保護したともみられている。

そして各宗教同士の争いを諌めた。

同王は、ブッダの教えを深く理解するというよりは、宗教の力を借りて、国を平穏にしたいと考えていたようだった。そのため仏教もバラモン教も「みんな大事に保護するからそれぞれ仲良くやってよ」というスタンスをとっていたのだ。王は宗教間同士の諍いを法により禁じた。

国の統治方法としては、非常に賢明だったといえる。宗教間の争いというのは、今も昔も社会を分断させるからだ。

ところが、この各宗教同士の融和政策により、仏教にとってももっとも大事な教義の部分が失われた。というのも前述したように仏教は、バラモン教とは明白に違う方向を向いていた。バラモン教が、「苦行の末にスーパースキルを獲得する」ことを最大の目標としていたのに対し、仏教はその発想を否定することが、教義の基本だった。

仏教とバラモン教は正反対ともいえるようなものだ。

にもかかわらず、アショーカ王は、それぞれの宗教を保護し、宗教同士が仲良くすることを強制したので、それぞれの宗教が同化してしまった部分が多々あるのだ。

実際に初期仏典の中には、仏教団の中に多くのバラモン教徒が入ってきたことが記されている。仏教がブッダの教えとは正反対の方向に行くのも、この王の政策も大きな要因の一つだと考えられるのだ。

現在の仏教では、厳しい修行が課され、難解な教義の取得が求められている。これは、もともとのブッダの教えとはまったく矛盾するものである。この矛盾する教義は、仏教とバラモン教を一緒くたにしてしまったことが大きな要因だと考えられる。

またこの宗教大団結政策のために結局、インド地方では仏教はバラモン教に取り込まれることになった。だから仏教は、インドでは廃れてしまったのだ。

仏教がもっとも勢力を持っていた国とは？

仏教は、インドの周辺の中国や韓国、南アジアなどに広まる。

それでも中国や南アジアでも仏教がどこかの国で長期にわたって政治経済に大きな影響

力を及ぼすということは、ほとんどなかった。中国で一時的に政治指導者の中に仏教信仰者が多いこともあったが、それが長期間継続することはなかった。儒教などほかの宗教が勢力を持っていて、仏教はそれを覆すような勢いは持てなかったのだ。また南アジアの国々に仏教が伝わったのはかなり遅かったので、仏教自体が国のいしずえになるようなことはなかった。

それにもかかわらず、ある一つの国では、長期間にわたって仏教が政治経済の中枢を支配してきた。

その国とは、日本である。

あまり顧みられることはないが、日本では奈良時代から約1000年にわたって仏教が政治経済に大きな力を持っていたのだ。それは今の日本の宗教などとは比べ物にならない。日本経済の中枢を仏教が握っていたほどであり、その影響力は中世ヨーロッパのキリスト教に匹敵するものだったのだ。

日本で奈良に大和朝廷が誕生した頃、ちょうど仏教が日本に伝来し広まろうとしていた。大和朝廷の指導者だった聖徳太子（574～622）は、国家システムをどうやって構築するかを考え、伝来したばかりの仏教を国の拠りどころにしたのだ。

このことで仏教は日本の国教のようになり、政治経済に大きな力を持つようになった。

そして8世紀に天然痘が流行した際、仏教の存在はさらに大きくなった。天平7（735）年から天平9（737）年にかけて起こった天然痘の大流行は、日本社会に大きな打撃を与えた。当時の人口の2割以上の100万人以上が死亡したともいわれ、藤原不比等（659〜720）の4人の息子をはじめ、当時の朝廷の主要人物の多くも犠牲になってしまった。

朝廷としては、この天然痘の対策を取らなければならなかった。

しかし当時は、科学が未発展であり、天然痘の医学的な対策法はなかった。必然的に、「神仏」に頼るしかない。時の聖武天皇（701〜756）も、打開策を神仏に求めた。天平13（741）年、聖武天皇は日本中に国分寺、国分尼寺をつくることを命じた。そして天平15（743）年には、大仏（東大寺の大仏）の造立を決定する。

その財源として考え出されたのが、「墾田永年私財法」なのである。

墾田永年私財法は、新たに開墾した田は永久に私有していいという法律である。

それ以前、朝廷は「国の土地はすべて公有のものである」という制度を採っていた。国は民に土地を貸し与え、民は租庸調を払う義務があるという、「班田収授」の制度である。この制度が奈良時代以来の日本社会を支えるシステムとなっていた。

さらに聖武天皇はこのシステムを大きく変更し、「墾田永年私財法」を採用したのだ。

仏教の伝播（でんぱ）

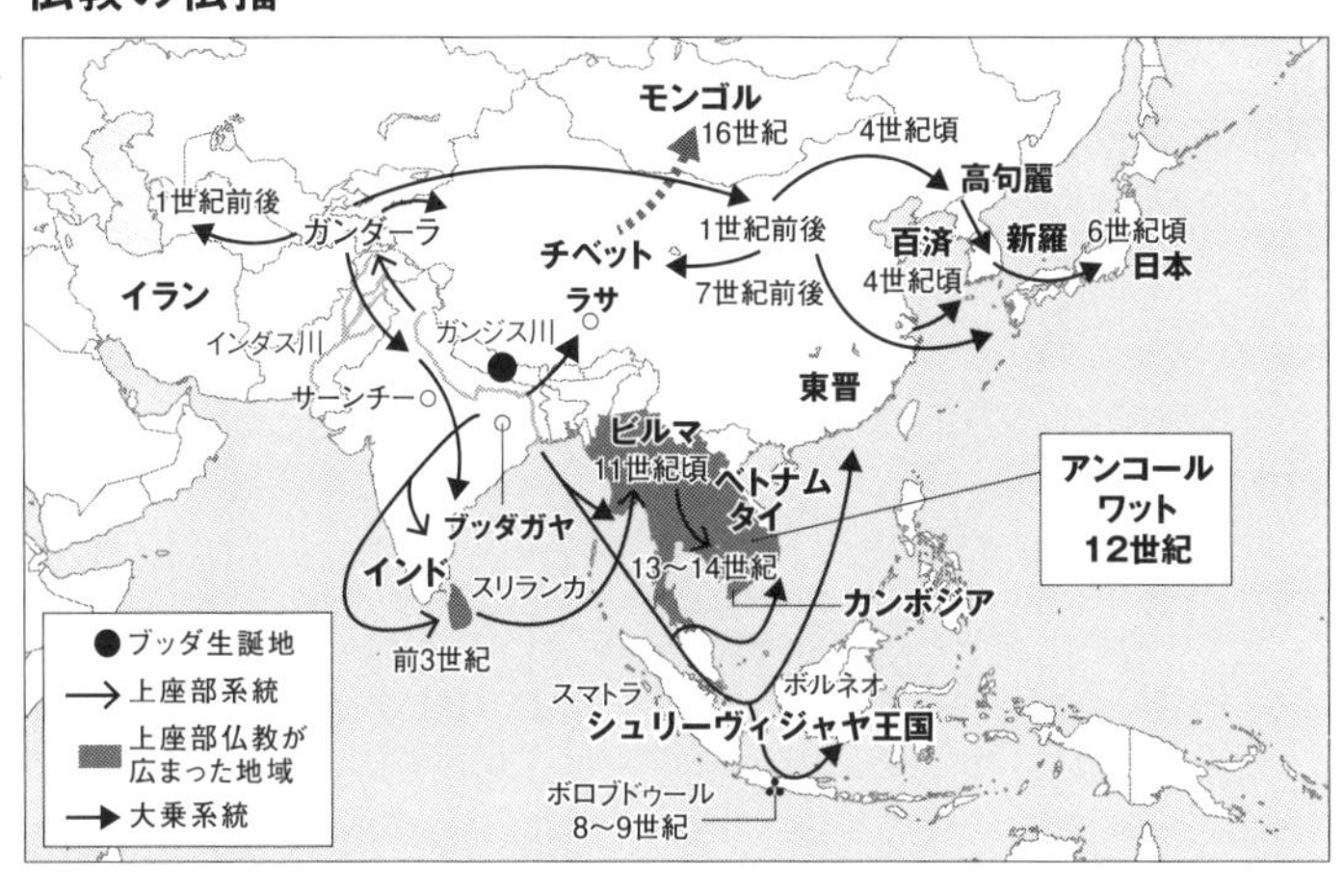

これにより「すべての田は公有（天皇のもの）」とした律令制の理念が崩れることになった。

ただし墾田永年私財法には、一定の手続きがあった。

まず開墾をする場合は、開墾予定地を国司に申請しなければならなかった。予定地が付近の農民の邪魔になるところは不可とされた。

また開墾すると申請した土地を三年以上、開墾しなかった場合は他人に開墾させることになっていた。そして開墾できる土地の面積には、身分ごとに制限があった。だから無制限に開墾できるわけではなかったのだ。

しかし、この広さの制限は、当初は寺社には課せられていなかった。

天平勝宝元（７４９）年にようやく寺院の面積制限が設けられたが、東大寺四千町、元興寺二千町、諸国の国分寺が千町、一般の寺が百町であり、親王、朝臣と比べても相当に広かった。

そのため寺社の私田が爆発的に増加することになったのだ。

しかも朝廷は、仏教アイテムである大仏を奈良に建立したり、全国に国分寺をつくったりしたのである。必然的に仏教勢力は、莫大な財力と政治力を持つようになったのだ。

かつて日本は仏教勢力に支配されていた

奈良時代から戦国時代にかけて仏教勢力は、国の政治経済の中枢を握っている「特権階級」となり、極端にいえば社会の中心ともいえる存在だった。

当時の寺社というのは、莫大な財を持っており、強力な武力も保持していた。しかも彼らは治外法権的な権利を持っており、その広大な敷地内は独立国家の様相を示していた。

たとえば平安時代の末期の白河上皇（1053〜1129）は、世の中で思い通りにならないものを次の三つとしている（天下三不如意）。

・賀茂川の水

・サイコロの目
・比叡山の僧

賀茂川の水は、いつも氾濫して洪水を起こすので当時の京都の人々の悩みの種だった、サイコロの目は当然のことながら、思い通りにならない。まあ、この二つは、次の三つ目の前フリである。この話のオチとして、比叡山の僧は意のままにならないとしているのだ。つまり、この話自体が比叡山の僧の傍若無人な振る舞いを嘆いたものなのである。

平安時代ですでに寺社というものは、手の付けられない存在となっていたのだ。

武士の世になると、それはますます加速した。鎌倉時代の初期の歌人、藤原定家（1162〜1241）はこう述べている。

「妻子を帯び、出挙して富裕なるもの、悪事を張行し、山門（比叡山）に充満す」

つまり延暦寺の僧は、妻を持ち子をつくり、高利貸しで巨額の富を蓄えるなどの悪事を働くものが充満しているということだ。

なぜ寺社がこれほどまでに財力を持ち、政権の言うことも聞かない存在になったのか、というと、寺社の中には「貴人」が多くいたからである。

古代から貴族などでは世継争いを避けるために、次男、三男などを出家させるケースが多かった。有力寺社には、そういう「貴人」がけっこういたのである。たとえば、4度も天台座主（延暦寺の最高責任者）の地位についた慈円大僧正（1155〜1225）は、摂政関白藤原忠通（1097〜1164）の子だった。中世ヨーロッパの貴族が次男、三男を聖職者にしたのと似たようなものである。

武家の世になってもそれは続いた。

室町幕府の第6代将軍足利義教（よしのり）（1394〜1441）は、もともとは延暦寺に入れられて僧になっていたのだ。しかも彼も天台座主にまで上り詰めていた。ちなみに義教自身は将軍に就任してからは寺社が勢力を持つことを嫌い、比叡山勢力と対決したこともあった。

つまり寺社には、有力貴族や有力武家の子弟が多々在籍していたのである。また高貴な家柄の子供の場合、家から大きな支援を受けることも多い。多額の金品を贈られたり、荘園を与えられたりして、それがまた寺社の勢力拡大に結び付いたのである。

そのため政権といえども、寺社に対して厳しい口出しはできなかったのだ。

広大な「領地」を持つ

室町時代以降は、仏教勢力はますます増長し、幕府や守護大名も、おいそれとは手出しができない「戦闘国家」となっていた。

戦国時代の仏教勢力は、信長に焼き討ちされるなど、「迫害された」というイメージが強い。しかし信長が焼き討ちにしたのは、単なる宗教迫害などでは決してないのである。信じ難いことに室町時代から戦国時代前半にかけて、日本の資産の大半は寺社が所有していたのだ。

たとえば、現在わかっているだけで比叡山の荘園の数は285カ所を数える。比叡山の古記録は信長の焼き討ちのときほとんど失われており、荘園の記録も多くが不明になっているにもかかわらず、これだけの数の荘園が判明しているのである。実際の数は、それをはるかに超えたと思われる。しかも比叡山の荘園は近江や近畿ばかりではなく、北陸、山陰、九州にまで分布していた。

現存する記録からみて、近江の荘園の4割、若狭の3割は比叡山の延暦寺関係のものだったと推測されるのである。

比叡山は農地だけではなく、京都の繁華街にも広い領地を持っていた。京都・五条町に3ヘクタールもの領地を持っていたことがわかっている。これは後醍醐天皇の二条富小路内裏と足利尊氏邸を合わせても、さらに広いのである。当時の京都というのは日本の首都であり、日本一の繁華街でもある。今でいうならば銀座、渋谷あたりとなるだろう。そこに3ヘクタールもの土地を持っているのだから、地子銭（地代）だけで相当な額に上ったはずである。

また広大な領地を持っていたのは比叡山だけではない。ほかの寺社も、日本全国に相当な荘園を持っていた。

たとえば紀伊国（現和歌山県）では、水田面積の8、9割が寺社の領地だったとされている。

大和（現奈良県）では、興福寺、東大寺、多武峰、高野山、金峯山領でない土地はないというほどだった（『寺社勢力の中世』伊藤正敏著・ちくま新書）。大和は、室町幕府が代官を置くことができない地域となっていたのだ。

寺社は日本を代表する大財閥だった

またこういうこともある。

永正5（1508）年、管領の細川高国（1484～1531）が通貨に関する新しい命令「撰銭令」を発した。撰銭令というのは、欠けたり焼けたりした粗悪銭の取り扱いについて定めた法令である。当時は粗悪銭が増えており、その取扱いがまちまちだったため流通に支障をきたしていたのだ。

この撰銭令は、八つの金持ち団体に対して発せられた。最初に八つの大金持ちに発布することで、全国の経済に影響を及ぼそうとしたのである。

この八つの大金持ち団体が当時の経済社会の中心だったわけであり、戦国時代の〝八大財閥〟といえるだろう。

この〝八つの金持ち団体〟とは次の通りである。

- **大山崎**（自治都市）
- **細川高国**
- **堺**（自治都市）
- **山門使節**
- **青蓮院**
- **興福寺**
- **比叡山三塔**
- **大内義興**（周防の大名、1477〜1529）

この八つのうち、四つ（山門使節、青蓮院、興福寺、比叡山三塔）が寺社関連である。つまり戦国時代の日本の八大財閥の半分は、寺社だったというわけだ。しかも四つの寺社関連のうち三つ（山門使節、青蓮院、比叡山三塔）は比叡山延暦寺関連なのである。つまり比叡山延暦寺は、日本の八大財閥のうち三つを占める日本最大の財閥だったのだ。

寺社勢力、比叡山延暦寺がどれほどの財力、権勢を持っていたか、ということである。そして財力を持っていたのは、延暦寺関連ばかりではない。イエズス会宣教師のルイス・フロイス（1532〜1597）は真言宗の総本山・根来寺（ねごろじ）の僧のことを「彼らは富裕であり、絹の着物を着て、剣や短剣には金の飾りをしていた。髪は背の半ばまで伸ばして結んでいた」と書き記している。

絹の服を着るというのは、当時としては相当な金持ちしかできないことだった。戦国時代は絹の生産はあまり行われていなかったので、ほとんどが輸入品だったはずだ。また金の装飾品なども、そうそう入手できるものではなかった。このことからも当時の根来僧がいかに裕福だったかわかるものである。

京都、堺を占領していた法華宗

法華宗もまた大きな財力を持っていた教団である。

町人を中心に支持を集めていた法華経は、戦国時代の一時期、京都に強い勢力を持っていた。

法華宗は京都の上京、下京に各10人の惣代を置き、自治組織をつくって町の運営を行っていた。法華宗は、「皆法華圏（かいほっけけん）」と呼ばれる自分たちの理想の国家をつくろうとしていた。地子銭の支払いも拒み、朝廷や幕府、公家や武家などから独立した地域をつくろうとしていたのだ。

京都の富商たちの多くが法華経を信仰しており、彼らは自治組織の中でも世話人として名を連ねていた。

京都で「旦那衆」というと商家の主人のことを意味するが、旦那というのはもともとは檀家のことを指す仏教用語なのである。つまり、法華宗の支配の時代の京都で使われていた旦那という言葉が今にも伝わっているのだ。

また絵師として高名な狩野家も熱烈な法華宗徒であり、狩野永徳（１５４３～１５９０）

と並び称された長谷川等伯（1539〜1610）も法華宗徒だった。

法華宗の京都における影響力がいかに強かったか、ということである。

このように強い勢力を持つ法華宗は、朝廷や幕府もおいそれとは手が出せなかった。彼らを京都から追い出したのは、彼らと同じ仏教勢力なのである。

天文5（1536）年、比叡山延暦寺と近江の六角氏の攻撃を受け京都から撤退、堺に移ったのだ。

しかし堺も日本一の貿易港であり、日本の重要地域である。

このように京都、大坂、堺と当時の日本の大都市は、たいがい仏教勢力に抑えられていたわけである。戦国時代は仏教勢力の力が強すぎて、手が付けられない状態だったのである。

なぜ寺社は財力を持っていたのか？

なぜ寺社はこのような莫大な財力を持っていたのか？

中世から寺社は農地や金銭などの寄進を受け、それが荘園となっていた。その荘園だけで相当な広さになった。

なぜ寺社が寄進を受けるのかというと、寺社は当時の人々にとって「神の使い」でもあるので、多くの人は「寺社に寄進をすれば救われる」と考えていたのだ。

たとえば京都の日蓮宗の16寺の会合（十六本山会合）の記録では、天正４（１５７６）年に檀家に勧進（寄付）を募ったとき、わずか10日で銭１２００貫文が集まったという。１２００貫文というのは、米にすると１０００石前後となる。それがわずか10日で集められるのである。

そして彼らはその広大な荘園を利用し、貸金業も行っていた。

荘園から取れる米や寄進された米は、寺社だけでは消費しきれない。そのため余った米を出挙（すいこ）として高利で貸し出していたのだ。

出挙というのは、そもそもは国が貧しい農民に種籾を貸し出し、秋に利息をつけて返還させたことに端を発している。当初は貧民対策だったのだが、次第に「利息収入」に重きが置かれるようになり、いつの間にか国家の重要な財源となった。

そのうち私的に出挙を行うものも出てきて、それは「私出挙（しすいこ）」と呼ばれた。この私出挙は、利息が非常に高かった。つまりは高利貸しである。

この高利貸しを大々的に行っていたのが、寺社勢力なのである。

その中でも比叡山は中心的な存在だった。

悪徳高利貸しだった延暦寺

戦国時代の比叡山延暦寺というのは、日本最大の金貸し業者だった。

しかも、その営業方法は非常に悪辣だった。高い利息をつけ、延滞すれば容赦なく取り立てる。

延暦寺が金貸しに携わるようになったのは、かなり以前からである。

延暦寺の守護神社である日吉大社は、古代から「私出挙」を行っていた。日吉大社は、古事記にもその記述がある由緒ある比叡山の神社である。そして延暦寺と日吉大社は、経済的も深いつながりがある。というより両者は表裏一体の存在だった。延暦寺は日吉大社の経済的なバックボーンとなり、日吉大社はそれにより私出挙を大々的に行っていたのだ。

日吉大社は神人たちを全国に派遣し、私出挙のあっせんを行っていた。神人というのは建前の上では「神の使い」だが、要は貸金業のセールスマンである。「日吉大社の稲を借りなさい」と、公卿から物売り女にまであらゆる階層にセールスして回るのである。

そして中世になり貨幣経済が発達してくると、稲を貸すのではなく、金を貸す本格的な貸金業が行われるようになった。もちろん比叡山延暦寺と日吉大社は、貸金業においても主役となる。

彼らはその圧倒的な財力を駆使し、日本最大の貸金業者となった。

当時の貸金業は土倉(どそう)と呼ばれた。土倉というのは、今でいう質屋とほぼ同様のものである。質草をとって金を貸す。質草を保管するのは土倉であることが多かったので、土倉と呼ばれるようになったのだ。

京都の土倉の八割は、比叡山、日吉大社の関連グループだったとされている。当時の京都は日本の首都であり、政治経済の中心地である。また貸金業というのは、当時では金融業の中心的存在である。つまり比叡山グループは、日本の首都の金融を握っていたといえるのだ。現在に置き換えるならば、東京の金融の8割を独占する企業となる。どれだけ巨大な存在か、ということである。

しかも比叡山グループが勢力を持っていたのは、京都だけではない。全国展開していたのである。比叡山は、日本全国の金融を握っていたと言っても過言ではないだろう。

比叡山の土倉のことは、当時「山の土倉」などと呼ばれていた。山というのは比叡山のことである。また単に「土倉」と呼ばれることもあった。つまり比叡山は、土倉の代名詞でもあったのだ。

そしてこの比叡山の土倉業務は、かなり悪質なものだった。

まず利息が非常に高い。ごく標準的な利息が年利48%～72%だったという。現代の消費者金融をはるかにしのぐ超高利貸しである。

もちろん貸金業につきものの「債務不履行」なども頻発した。借金のかたに取られた零細な田が京都周辺の各所に点在し、それは日吉田（ひえでん）と呼ばれた。

彼らは、借金とりたての際に公家の屋敷に乱入することがあった。1370年には、比叡山の債権取り立て人が公家の家に押し入ることを禁止する令が出されている。それほど厳しい取り立てをしていたのである。

しかも比叡山に限らず、当時の有力な寺社は金貸業を営んでいることが多かった。熊野、高野山なども有名な土倉オーナーだったのだ。明確なデータはないのだが、中世の金貸業のほとんどは寺社が関与していたのではないか、とされている。

なぜ寺社が金貸業を営むことが多かったのか？

まず第一に寺社には、多くの富が蓄積されていたことである。寺社は多くの荘園を持っていた上に庶民からの寄進も多い。蓄積された富を運用するために、「金貸業」が行われたのである。

そして寺社には金融業として有利な要素があった。金を借りたものが返さない場合、「罰が当たる」と言えば、借金者はおそれおののく。つまり、「罰が当たる」と言えば、借金の取り立てがしやすいのである。

また中世では、貸金業者が借金の取り立てをする場合、相手に暴力を用いることもあった。そのため武装した集団をかこっていた。まるで暴力団である。この武装集団は、盗賊対策にも役立てられた。当時は、裕福な寺社を狙った盗賊が多かったのだ。

このように寺社は非常に物騒で、欲の深い集団だった。言ってみれば〝武装した悪徳消費者金融〟だったのである。

「市」や「座」を支配する

寺社が勢力をもっていたのは金融関係（金貸業）だけではない。

商工業の中枢も握っていた。

つまり経済全体を寺社が握っていたのである。

当時の商業というのは、常設店舗を持って行うということはあまりなかった。定期的に開かれる「市」が商業の中心だったのである。この「市」に関して、寺社は強い影響力を持っていたのだ。「市」は寺社の縁日に境内で開かれることが多かった。人が多く集まる場所であり、土地も広かったからだ。「市」の開催自体、寺社が取り仕切っていたものだ。市に出店するには、寺社の許可がいるし、当然、地子銭（地代）が発生する。その利権は莫大なものがあった。

寺社は、市を取り仕切るうちに、商品流通そのものを支配するようになる。朝廷や幕府に働きかけて独占販売権を入手したり、座を作って他業者を締め出したりするようになったのだ。

当時、絹、酒、麴、油など重要な商品は、寺社によって牛耳られていた。酒は比叡山、織物は祇園社、麴は北野社、油は南禅寺などが大きなシェアを持っていたといわれている。

寺社同士で利権争いをし、それが騒動に発展することもあった。

たとえば、「文安の麴騒動」である。「文安の麴騒動」とは、酒の麴をめぐってシェア争いをしていた比叡山と北野社がお互いを訴える騒動に発展したものである。

麴は酒の原料であり、当時は非常に需要のある、なおかつ貴重な商品だった。

北野社は幕府に働きかけ、応永26（１４１９）年、麴の独占製造販売権を手に入れた。すべての麴は北野社から購入することが義務付けられたのだ。

もちろん他の寺社は反発した。その中心となったのが比叡山だった。比叡山も幕府に働きかけ、文安元（1444）年にようやくこの独占状態は解除された。

北野社は、もとはといえば比叡山の末寺である。つまり同じグループ内の企業が重要商品の販売をめぐって対立していたわけである。

ともあれ日本の商業の中心産品のほとんどは寺社が取り仕切っていたのだ。それは極めて閉鎖的なものでもあった。寺社の息のかかった業者だけが、その産品を扱い、市に参加することができたのだ。

信長などが楽市楽座をつくったのも、寺社によって閉鎖された商業を解放しようという意図もあったのだ。

要塞都市だった寺院

これまで戦国時代の寺社がいかに経済力を持っていたかということを述べてきたが、さらに厄介なことに、彼らは軍事力も兼ね備えていたのである。しかも、それはちょっとやそこらの大名では太刀打ちできない頑強なものだったのだ。

比叡山、興福寺、根来寺などの有力寺社は、数千人規模の僧兵を擁していた。本願寺などは門徒を招集することで数万人の兵を動員できた。これらは数十万石の大名に匹敵する。
また彼らの寺院そのものが要塞と同じだった。

現代では寺院というと、のどかな風景の中にぽつんと古い建築物がたっているイメージがある。

しかし、戦国時代までの寺院というものはそうではなかった。

たとえば根来寺には、石垣積みの寺城館がつくられていた。これは石垣積みの城を建設する以前のことである。根来寺の境内には300にも及ぶ子院があり、それぞれに井戸などの施設が付随されていた。門前にも150の子院があった。巨大な甕（かめ）をならべた遺構が発掘されていることから、油屋、紺屋（こうや）、酒屋などもあったと見られている。

境内では漆（うるし）塗りなどの工業製品、武器なども製造されていた。また金融業者の土倉、蔵などもあった。こうなると、ほとんど要塞都市である。

このように要塞化された都市を持っていたのは、根来寺だけではない。有力な寺社の多くがこのような形態をとっていたのである。

中世で最初の山城をつくったのは比叡山延暦寺である。

安土城などの石垣づくりを担った穴太衆（あのうしゅう）は、もとはといえば比叡山傘下の石垣職人なのである。多聞山城、大坂城、二条城、江戸城などを手掛けた中井（なかい）正吉（1533～160

9）、正清（1565～1619）も法隆寺の宮大工である。
また平泉寺（現福井県勝山市）は、寺の回りを玉石敷の長大な道路と石塁で囲ませている。強固な防備を備えた要塞都市と高度な工業力。信長でなくとも、脅威を感じて当然といえよう。

武器の製造基地

寺社はさらに武器の製造まで行っていた。

戦国時代、鉄砲の主な産地は三つあった。堺、近江国友、根来である。このうち根来というのは、根来寺のことである。つまり鉄砲の主要産地の一つが寺社だったのである。

堺と近江国友は、中世から鍛冶などが盛んなところで、戦国時代は日本の工業の中心地だった。根来寺は、そういう先進地と並び称させるほど軍需産業が盛んだったのである。

また一向宗の寺内町も、刀鍛冶など武器製造の職人を多く抱えていた。

寺社というのは、日本の武器製造場だったともいえるのだ。

なぜ寺社が武器製造の基地となっていたのか、現代の感覚からいえば非常に不思議である。

しかし武器の製造は、寺社の伝統的な技術だったのである。

たとえば八坂神社では、最下層身分の犬神人は弓のつるを製作するのが仕事であり「ツルメソ」と呼ばれた。また根来寺では南北朝時代に弓、矢、盾の製造を盛んに行っていたことがわかっている。

このように寺社と武器というのは、昔から切っても切れないような関係だったのだ。

豊臣秀吉（1537〜1598）は、天正16（1588）年に農民に対する刀狩を行っているが、すでにその三年前に高野山に対して刀や鉄砲の所持を禁止している。秀吉の刀狩は農民に対するより、寺社に対する方針が先に出されているのだ。つまり武器の所有は、農民より寺社のほうがはるかに多かったということである。

政権にとって寺社の軍事力は、非常に危険なものだったのだ。

信長以前の比叡山焼き討ち事件

ここまで読んだ方の中には、「これでは信長（1534〜1582）が焼き討ちしても仕方がない」と思った方も多いはずだ。そして、「むしろ信長以外の為政者たちは、なぜこれまで焼き討ちをしなかったのか」と思う人もいるだろう。

もちろん信長以外の為政者も、寺社のことは快く思っていなかった。

寺社の横暴に我慢ができなくなって焼き討ちしたのは、実は信長が最初ではない。信長の比叡山焼き討ちからさかのぼること140年前にも、為政者による比叡山焼き討ちが行われているのである。

それを行ったのは幼少期に寺社に預けられ、後に将軍となった6代将軍足利義教である。もともと寺社にいただけに、寺社の嫌な部分をよく知っていたのだろう。

当時の寺社は、「強訴（ごうそ）」という強硬手段を使い、たびたび政権や世間に揺さぶりをかけていた。強訴というのは、寺社が〝神罰〟や武力をふりかざして政権に対して強い要求をすることである。武力をともなったデモ行進のようなものである。

足利義教は、この度重なる強訴に業を煮やし、琵琶湖と西近江路を封鎖し、比叡山ふもとの坂本の町を焼き払ったのである。

このときは延暦寺側が降伏し、一応、事は収まった。

しかし延暦寺の横暴がこれで収まることはなく、すぐに元に戻ったのである。そして室町幕府の権威の低下とともに、手の付けられないような状況になっていった。信長の登場まで、それは続いたのだ。

そして、この比叡山延暦寺は、ご存じのように織田信長によって本格的な焼き討ちにあった。

元亀2（1571）年に行われたこの焼き討ちにより、比叡山の僧侶や住民も含めて老若男女、数千人が殺されたという。

信長公記には、比叡山延暦寺の焼き討ちに関して、次のように記されている。

山本山下の僧衆、王城の鎮守たりといえども、行躰、行法、出家の作法にもかかわらず、天下の嘲弄をも恥じず、天道のおそれをも顧みず、淫乱、魚鳥を食し、金銀まいないにふけり

信長の比叡山延暦寺焼き討ちの経緯は、次の通りである。

元亀元（1570）年、朝倉と浅井と戦っていた信長は比叡山に対し「朝倉軍に加担しないように」と要請した。

このとき信長は、「もしどちらかに加担するのが仏教徒として不都合ならば、中立を守るだけでもいい、そうすれば以前の比叡山の領地を返還する」と言い証文まで出している。

にもかかわらず、比叡山は朝倉軍に加担したのである。そこで信長は激怒し、翌年、朝倉軍との戦いが一段落すると、比叡山を焼き討ちにしたのである。

比叡山としては、これまで信長からかなり厳しい仕打ちをされてきていた。だから朝倉軍に味方するのは当然ではあった。信長が「加担するな」と言ってきて「何を今さら」という感もあったのだろう。

信長は、比叡山が朝倉に加担する前から、比叡山の荘園を没収するなどしてきた。最初から比叡山に対して厳しい姿勢で臨んでいたのだ。だからこそ比叡山は信長に反発した。つまり信長と比叡山の対決は、当初から避けられようがなかったのだ。

急拡大する本願寺勢力

戦国時代には、浄土真宗という仏教の新興勢力も猛威を振るっていた。

浄土真宗は、為政者にとって非常に都合の悪い性質を持っていた。仏教が莫大な経済力を持っていることは前述したが、浄土真宗はさらにたちが悪かったのだ。

延暦寺などの既存の仏教が「権威的」だったのに対し、浄土真宗は「誰でも成仏できる」という教義でもあり、民衆に広く門戸を開いていた。そのため普及の速度が尋常ではなかったのだ。

しかも浄土真宗も既存の仏教に負けず劣らず、経済力を持っていた。浄土真宗は急激な

〝経済成長〟をしていた。

浄土真宗は〝寺内町〟という特権を持っていた。

寺内町というのは、浄土真宗の寺院とその周辺地域に形成された都市のことで、権力の介入を受けない〝自治都市〟のような特権を持っていたのだ。この寺内町は戦国時代に入って急速に拡大し、摂津、河内、根来など、近畿地方に多く存在していた。

寺内町の起源は、天文7（1538）年のことである。

当時、細川晴元（1514～1563）政権から迫害を受けていた石山本願寺では、頑強な抵抗を続けた。そして、ついに細川晴元政権を観念させ、境内での徳政適用除外、諸公事免除などの特権を得たのである。

徳政適用除外とは、徳政令（借金帳消し令）が出ても、この区域だけはその対象から除外されるということである。

室町時代、公家や武家の困窮などから、たびたび徳政令が出された。商人たちは徳政令が出れば、債権がすべてパーになるので、商売が非常にやりにくい。そのため徳政免除というのは「商人保護」であり、この地域には商人たちが集まってくるのである。

諸公事免除というのは、諸税、諸役などの免除のことである。さらに寺内町は、町内の治安権限なども獲得した。

こうなると、一種の独立国家のようなものである。

この大きな特権のために、石山本願寺は大いに栄えることになった。そして浄土真宗は、この特権を各地に適用させた。

それが寺内町と呼ばれるようになったのである。

そして寺内町には、旧来の仏教勢力の干渉を嫌った商人たちが、その自由さを求めて多く集まってくるようになった。前述したように当時の商工業の多くの分野は、寺社に支配されていたが、本願寺の寺内町に来れば、比叡山などの旧来の寺社からの支配も受けなくて済むのである。

寺内町の持つ特権というのは、その骨子において楽市楽座とほぼ同じである。

楽市楽座を最初に施行したのが観音寺城の六角氏といわれているが、寺内町はそれよりも早いのである。というより六角氏は隣接していた寺内町の金ヶ森を見て、これと同じものを自領にもつくろうと考えたのだと思われる。

浄土真宗の寺内町は、河川や港に接した利便性の高い場所に形成されていった。

これは、おそらく真宗が都市部を中心に広まっていったからであろう。また本願寺は商才があったので、意図的に都市部に拠点を築いてきたということもあるだろう。寺内町

（真宗）は、都市部の新しい支配者ということがいえる。

寺内町は、多くの商人が入ってくるようになり、彼らからの寄進により本願寺も大きな経済力を持つようになった。

永禄4（1561）年のイエズス会の宣教師の報告では、「日本の富の大部分は、この坊主（本願寺宗主）の所有なり」と記してある。いくらなんでもこれは大げさといえるが、そう思われるくらい本願寺の顕如（1543～1592）には経済力があったということである。

このように浄土真宗、本願寺というのは、商業において比叡山とはまた違った形で大きな力を持っていた。

戦国時代前半の日本の経済を支配していたのは、比叡山と本願寺の二つの勢力だったとさえいえる。

本願寺を徹底的に叩いた信長

戦国武将にとって、本願寺が目障りでないはずがない。都市部の商工業や流通を抑えた戦国武将にとって、これほど邪魔な存在はなかっただろう。

領内を安定統治し軍事力を強化させようとすれば、どうしても彼らの力を削ごうということになる。

本願寺と戦った戦国武将といえば、やはりまず信長を挙げることになる。

ご存じのように信長は、石山本願寺と長年にわたって壮絶な抗争を繰り広げてきた。

信長は足利義昭（1537〜1597）を擁して上洛したとき、本願寺に5000貫文の矢銭（やせん）を要求している。このとき本願寺は、信長の要求に素直に応じている。

信長は畿内の他の寺内町にも矢銭を要求したが、寺内町によっては応じないところもあった。信長は、そういう寺内町には容赦ない攻撃を加えた。

摂津高槻の富田も当初、矢銭を拒み、寺の周囲が破壊された。そのため寺内町衆が矢銭に応じ、寺内の破壊は免れている。茨木の郡山でも道場が破壊され、矢銭に応じている。

本願寺としては、なるべく信長との対決は避けたい。そのため顕如は信長に金襴や馬、太刀などを贈っていた。

しかし信長は、それでも本願寺や一向宗に対して、たびたび矢銭を要求するなど厳しい姿勢で臨んだ。そのため本願寺は決起したのである。

本願寺の顕如は、元亀元（1570）年の挙兵の際に門徒に送った書状の中で「信長の要求にできる限りこたえてきたが、信長はあまりに難題をつきつけてくるので戦を決意した」と述べている。

信長と本願寺の死闘は、元亀元（1570）年から天正8（1580）年まで10年にも及び、最終的には朝廷の仲介によりようやく終結した。戦況的には本願寺のほうが不利だったため、本願寺は石山（現在の大阪）からの退去を命じられた。

本願寺を東西に分裂させた家康の策略

戦国時代を制し、江戸幕府を開いた徳川家康（1543～1616）も仏教勢力の力を削ぐための工作を行っている。

そして結果的に家康のこの工作が、「日本では宗教がそれほど大きな力を持たない」ということにつながったのである。

家康が天下人になったとき、寺社の勢力はかなり衰えていた。

これまで述べてきたように比叡山延暦寺は信長に焼き討ちにされ、領土の多くを返還させられていた。また秀吉には何度も本拠地の移転を命じられ、勢力をかなり減じられていた。

だから家康が天下をとったときには、「宗教問題」はかなり改善されていたのだ。そこにさらに家康がダメ押しをするのである。

家康は、本願寺を東西の二つに分派させてしまったのだ。

その経緯は次の通りである。

浄土真宗（本願寺）というのは、親鸞の血筋を引く人間が宗主になるしきたりがあった。浄土真宗では妻帯が許されていたので、僧も子孫を残すことができた。そして宗主は、その地位を代々世襲にすることとなったのだ。本願寺の莫大な資産も、貴族や武家と同じように宗主家によって世襲されていったわけである。

大正20（１５９２）年、第11代宗主の顕如が死んだとき、「お家騒動」が起きた。

一旦は顕如の嫡男の教如（１５５８～１６１４）が第12代宗主に就くことになったのだが、この顕如と教如の父子はそれまで仲が悪かった。だから教如の宗主就任を快く思わないものも多数いたのだ。

その最たるものが教如の母の如春である。

如春は、「顕如は三男の准如（１５７７～１６３１）を後継に指名していた」と言い出したのだ。

そして顕如が書いたとされる「譲渡状」を時の権力者である豊臣秀吉に提出し、教如の本願寺宗主就任は無効であると訴えたのだ。これにより本願寺は、教如派と准如派に分裂してしまった。

秀吉は両者の代表を召喚して査問し、教如に対して「10年後に准如に宗主を譲ること」という裁定を下した。しかし教如派の中には、納得しないものもあった。これを見た秀吉は怒って、教如に対して「即座に宗主を譲れ」と命じた。

教如は宗主の座を追われることになったものの、教如派は納得せず分裂状態が続くことになった。

そうこうしているうちに秀吉が死去し、関ヶ原の戦いが起こった。

隠居していた教如は、関ヶ原の戦いの直前に江戸に家康を訪問し、家康への支持を表明していた。一方、本願寺宗主となった准如は西軍に加担していたという噂もあり、関ヶ原後には難しい立場に立たされた。

関ヶ原後の家康には、自分に敵対した噂のある准如を廃し、自分を支持してくれた教如に宗主を継がせるという手もあったはずだが、そうはしなかった。そこに家康の高度な戦略眼がある。

家康は、分裂状態にあった本願寺を、そのまま分裂させてしまおうと考えたのだ。

教如に本願寺の東側に寺社地を与えて新しい寺社をつくらせた。教如は、その新しい寺社の宗主となったのである。このときにつくられた寺社がいわゆる東本願寺なのである。

もとの本願寺をつぶさなかったところに、家康の高度な政治手腕がうかがえる。准如が宗主であろうと、教如が宗主であろうと、本願寺が強大な寺社グループであることには変わりない。ところが准如と教如の双方に宗主を名乗らせ、本願寺を二つに分ければ本願寺の勢力は半分になる。

これまでの本願寺も、このときにつくられた寺社も、「自分たちこそ正統な本願寺である」と主張し、両寺の正式名称は二つとも本願寺である。

しかしそれではわかりにくいので、世間では、もとからある本願寺を西本願寺と呼び、その東側に新しくつくられた寺社を東本願寺と呼ぶようになったのだ。

ここに本願寺は東西に分裂したのである。

もちろん本願寺や仏教の勢力は、著しく減退することになった。

現代日本が宗教の弊害を受けないのは信長と家康のおかげ

これまで見てきたように寺社というのは、中世の政治経済を牛耳る強大な勢力だったわけである。いつか誰かがこれをつぶさなければ、国家は寺社によって支配されてしまう、そういう状況だったといえるのだ。

その意味で信長や家康が仏教勢力を叩いたことは「誰かがやらなくてはならなかったことをやっただけ」ということでもある。

信長や家康は平安時代からの政権の懸案事項を解決したというわけである。

イエズス会の宣教師ルイス・フロイスの報告書には、信長の仏教迫害について次のように述べられている。

「彼は天下にあった立派な寺院、大学および礼拝の場所を数多く破壊し、坊主と戦ってこれを殺し、ついで偶像に奉仕するもののはなはだ多額であった収入を兵士及び貴族に分け与えた」

イエズス会の宣教師は仏教と敵対していたので仏教を悪くいう傾向があるが、それを差し引いても信長が仏教の持っていた相当の権益を社会に開放したことは間違いないだろう。もし信長や家康が寺社を叩いていなければ、現代の日本では仏教が大きな力を持っていたかもしれない。そして彼らの仏教迫害が日本を宗教の影響の少ない国にしたのであろう。

実際、日本ほど宗教の影響が小さい国は稀だといえる。

世界中の国々で宗教の影響力が非常に大きい。先進国でも宗教によって出産制限がまったく認められず、十数人も子供を産まなくてはならない女性が大勢いる。また宗教のために食事に制限のある人々も多い。今でも世界中の人々は、宗教からの影響、制約を受けて生活しているのである。そして宗教同士はしばしば深刻な対立を起こし、戦乱に巻き込む。

確かに日本には、その弊害がない。

統一教会などのカルト教団が日本で問題になったのは、現代の日本人が宗教に慣れておらず、宗教に対する警戒感を持っていなかったことも大きな要因といえる。言い方を変えれば、日本人はこれまで宗教に苦しめられていなかったから防御体制が皆無だったのだ。

第5章

死の商人としてのザビエル

南蛮貿易が日本経済の趨勢を握っていた

戦国時代の日本は、仏教のほかにもう一つ宗教問題をかかえていた。ヨーロッパ諸国の「キリスト教ビジネス」が日本にも及んでいたのだ。

キリスト教ビジネスが大航海時代をもたらしたことを前述したが、ヨーロッパの大航海時代と日本の戦国時代というのは、時期的にほぼ重なる。つまりヨーロッパの船が世界中の海に乗り出した頃、日本では戦国大名たちが覇権を争っていたのである。

ポルトガル船が種子島に漂着したのは、戦国時代のちょうどど真ん中の天文12（1543）年である。

それから豊臣秀吉のバテレン追放令が出されるまでの半世紀の間、ポルトガル、スペインなどのいわゆる南蛮船は、日本各地で盛んに交易を行った。

南蛮貿易というと、ヨーロッパの珍しい産品を運んでくる「特別な貿易」であり、それらの「舶来品」を手にするのは、一部の大大名や富豪商人に限られていたというイメージがある。

しかし、実態は決してそうではない。

南蛮貿易でもたらされた輸入品は、当時の日本社会に深く入り込んでいた。

特に武器、軍需物資は、諸大名にとっては不可欠なものだった。

鉄砲の製造はすでに日本でも行われていたが、鉄砲の弾丸に使われる鉛や、弾薬の原料となる硝石などは当時の日本で生産できず、海外からの輸入に頼るしかなかった。

つまり南蛮貿易を介さなければ、鉄砲の弾薬、火薬の原料などは手に入らなかったのだ。

当時の南蛮貿易は、戦国大名たちの鉄砲に関する軍需物資を事実上、独占的に商っていたといえるのだ。

南蛮船の一回の貿易で、ヨーロッパの貿易商人には莫大な富がころがり込んできた。

当時の日本とポルトガル貿易の取引額は、1570年代から1630年代までに290万クルサド~440万クルサドに達していた（流通経済史・山川出版社）。

これは米の代金にして、200万石から400万石分くらいに相当するものであり、徳川政権の1年分の年貢収入に匹敵するほどの額である。

南蛮貿易というのは、それほど利があったものなのである。

もちろん彼らには、それにともなう義務があった。

前述したようにローマ教皇は、ポルトガルとスペインに対し、世界中にキリスト教を布教することを命じた。この命により両国は世界中に植民地を持つ代償として、各地に宣教師を派遣し、教会を建設する義務を負ったのである。

その結果、両国が版図を広げるごとに、キリスト教の布教も広がることになったのだ。

キリスト教の布教と「貿易」は表裏一体のものだった。

宣教師が各地に派遣されると、商人たちも帯同し、交易を行ったのだ。その交易で得た利益の一部が教会に還元され、教会はその収益で宣教師をさらに各地に派遣するシステムになっていたのだ。

それは日本に来た南蛮船も同様だった。

南蛮船は日本に来たときも、取引を行う条件として必ずキリスト教の布教許可を求めた。

「私たちと貿易したいのなら、キリスト教の布教を許可してください」

ということである。

南蛮船と交易をするために、諸大名たちはキリスト教の布教を認めた。そのため、この時期にキリスト教が爆発的に広がるのである。

ザビエルとイエズス会

戦国時代、最初に日本に来た宣教師は、かのフランシスコ・ザビエル（1506〜1552）である。

そもそも、なぜザビエルは日本に来たのだろうか？

それには当時のヨーロッパの状況や、ザビエルの生い立ちが大きく関係している。

彼は戦国時代のちょうど中間あたりになる1506年に、スペインとフランスの間にあるナバラ王国（現在のバスク地方）の貴族の家に生まれた。

フランシスコ・ザビエル

6歳のとき、スペインとフランスの間に戦争が勃発し、このナバラ王国も巻き込まれた。ザビエル家でも城が破壊されたり、二人の兄が戦争に参加するなど戦乱に翻弄された。この戦いがようやく終結したとき、ザビエルは18歳になっていた。

そして1525年、パリの大学、コレージュ・ド・サント・バルブに入学した。

当時のパリはヨーロッパの学問の中心地でもあり、ここで学士を得たものは大学教授、司教区の参事会員（カノニクス）、司教など国の中枢を担う職につくことができた。

パリの大学生は超エリートだったのだ。ザビエルはここで学友のイグナチオ・デ・ロヨラ（1491～1556）に出会う。ロヨラはかつて戦争で負傷し、療養中にキリスト教の信仰に目覚めた。ザビエルは最初はロヨラを疎んじていたが、次第に心が通じあうようになった。

そして貴族としての安定した生活を捨て、彼とともに信仰生活を送る決心をする。

1534年、ロヨラを中心とした7名がモンマルトルの丘の聖堂で「清貧」「貞潔」「聖地エルサレム巡礼」の請願をたてた。

これがイエズス会の成り立ちである。このイエズス会は海外布教を担うようになり、やがてローマ・カトリック教会の一大勢力となる。

1537年、イエズス会の面々はローマに向かい、ローマ教皇に謁見し、エルサレム巡礼の許可状をもらった。当時のキリスト教徒にとってエルサレム巡礼というのは、一生に一度は叶えたい夢だったのである。

しかし当時、ベネチアとオスマン・トルコとの関係が悪化し、エルサレム巡礼はなかなか叶わなかった。彼らは規律正しい修道生活と奉仕活動などをしながら、エルサレム巡礼の機会を待った。

当時キリスト教社会は大きく揺れていた。ルターによる宗教改革が起きたばかりであり、カトリック教会内部からも教会の刷新を求める動きが生じてきた。そんな中、パリのエリート学生たちによってつくられたイエズス会の敬虔な信仰活動は、教会関係者の注目を集めはじめた。

そしてポルトガル国王がローマ教皇にインドへ宣教師を派遣してくれるよう要請したとき、ローマ教皇は、「イエズス会」を推薦したのだ。

こうしてイエズス会の全世界への布教活動が始まったのだ。

1540年、ローマ教皇から要請を受け、イエズス会は会員3名をインドに派遣した。その中の一人がザビエルだった。

ザビエルたちはゴアの病院に住みこんで奉仕をしながら布教活動を行った。

インドでの布教活動が5年に及んだ1547年、ザビエルはマラッカでアンジロー（1511?～1550?）という日本人と出会う。アンジローは故郷の鹿児島で殺人の罪を犯し、鹿児島湾に入港していた船で逃亡、インドにたどりついていた。罪の意識にさいなまれていたアンジローは、船員からザビエルのことを聞きつけ、マラッカまで会いに来たのだ。

アンジローに会ったザビエルは、その聡明さに目をみはり、「日本人」に対して非常な興味を抱いた。アンジローによると、日本人は非常に学問が好きで礼節を重んじるという。ザビエルはマラッカでアンジローのほかに二人の日本人と出会ったが、二人ともアンジローと同様に徳と機知があった。

「このような聡明な人種ならば、キリスト教を理解できるのではないか」

そう思ったザビエルは、日本に行って布教したいという希望を抱くようになった。アンジローはザビエルから聞いた福音に感銘を受け、ゴアで洗礼を受けた。以降、ザビエルの布教活動を助けることになった。ザビエルはイエズス会に日本布教の許可を取り付け、アンジローとともにゴアで1年間を過ごし、日本へ行く準備をした。

ザビエルは日本に行くときポルトガル国王から1000クルサド以上の援助を受けていた。もちろんポルトガルの通貨は日本で通用しないので、その分の商品を積んでいったのである。

当時、1年間の生活費はだいたい20クルサドだったとされているので、1000クルサドでは50人分の生活費が賄えたわけである。ザビエルの日本滞在の2年間、各地で布教し教会の設立などをしても費用に困ることがなかったのは、この援助のお陰である。

死の商人としてのザビエル

宣教師たちは、派遣された地域から活動報告しなければならない。その報告の中には、交易に関する情報も多く含まれていた。

宣教師たちはいってみれば、マーケティング・レポートを出していたのである。宣教師たちは各地を移動したり、必要物資を運んでもらう際に商人たちの力を借りなければならなかった。商人たちに協力してもらうためには、彼らに利をもたらさなければならない。そして商人たちは儲けた金の一部を教会に寄付する。その寄付金で宣教師たちの費用が賄われる。

つまりイエズス会の宣教師たちは布教活動の金を出してもらうためにも、貿易に手を貸す必要があったのだ。

だからザビエルも貿易に関するアドバイザー的な発言を時々している。

たとえば堺を訪れたとき、イエズス会への手紙に次のようなことを書いている。

「堺は非常に大きな港で、金持ちの商人も多く、日本中の金、銀が集まってくる。ここに商館を置くべきだと思う」（アントニオ・ゴメス宛）

イエズス会へのほかの手紙には、次のような記述もある。

「神父が日本へ渡航するときには、インド総督から日本国王への親書とともに、相当な金貨、贈り物を携えてきてもらいたい」

「もし日本国王がキリスト教に帰依するようになれば、ポルトガル国王にも大きな物質的利益をもたらすと信じている」

またザビエルは、武器の輸出を促進した面もある。

さすがにザビエルが大名に直接、武器を売ったことはない。しかし大名たちに鉄砲などを贈呈していた事実はある。

山口の大内義隆（1507〜1551）に献じた贈答品の13種の中には「三つの砲身を持つ贅をこらした銃」も含まれていた。ザビエルは当時の日本人が欲しがるものを携えてきているので、武器のセールスマンのような役割も果たしていたのだ。

ザビエルを招聘した大名の中には、宣教師に武器の輸入を所望したものもいる。詳しくは後述するが、大友宗麟（1530〜1587）などはその最たる例である。

大友宗麟は領内にキリスト教の布教を許可する代わりに、ポルトガル船との交易を行い、大砲などの最新兵器も手にしていたのである。

またザビエルは、日本で布教をする際には「キリスト教を信仰しなければ地獄に落ちる」というような「宗教キラーフレーズ」を当然のように使っていた。

ザビエルのイエズス会への報告書によると「罪を負ったまま死ぬと煉獄が待っている」という言葉を聞いた日本人たちは、「すでに死んだ自分の身内は煉獄(れんごく)につながれているのか」と嘆き悲しんだ。その嘆きようは、ザビエル自身が心を痛めるほどだったという。

しかし日本人の中には理知的で弁の立つものもいて、「神は慈悲深いと言っておきながら、どうして罪を犯した人を許さないのだ」と反論したという。

各地の大名は競って南蛮船を誘致した

南蛮貿易というと、はるばるヨーロッパで物資を積んでやってくるイメージがある。しかし南蛮船のほとんどは、マカオや中国の港で積んだ物資を持ってきていた。

ヨーロッパの物資も一部あったが、積み荷の大半はアジアで調達されたものだったのだ。

なぜアジアの産品を南蛮船が持ってきていたのか?

南蛮船の登場以前、日本の海外貿易は倭寇(わこう)が支配していた。

ただし明政府の強力な鎮圧により、16世紀には倭寇の勢力は急速に衰える。

そして、この倭寇の鎮圧に手を貸していたのがポルトガルだったのである。

ポルトガルは、永正7（1510）年にインドのゴアを占領、翌年にはマラッカをも占領し、東南アジアでの本格的な貿易に乗り出した。

永正10（1513）年には、明と通商関係を結んだ。そして弘治3（1557）年には、海賊を討伐した報償として、明からマカオを貸与された。そしてマカオを拠点にして、日本も含めた東南アジア一帯での貿易を行うようになったのだ。

つまりポルトガルは、倭寇に代わって日本の海外貿易を担うようになったといえる。


南蛮船は、キリスト教の布教を許可してくれる港を選んで入港していた。

だから諸大名たちは、こぞってキリスト教の布教を許可した。

戦国時代前半、西日本の雄だった大内義隆も、いち早くキリスト教の布教を許可している。そのもとにはフランシスコ・ザビエルも訪れている。

ザビエルは、大大名だった大内義隆の許可を得られれば、キリスト教の布教が進むと考えて、大内の本拠だった山口に赴いたのだ。

大内義隆は、ザビエルと2回謁見した。

一度目のときはザビエルが「不倫の不道徳」を説いたことで、大内が拒絶反応を示したという。当時の大名家では子孫を絶やさないことが第一義だとされ、何人かの側室を置くのは当たり前とされていた。

しかし、2回目のときにはザビエル側も配慮をし、新調した絹の司祭服を着てインド総督の親書と親善のしるしとして置き時計、ポルトガルの服、火縄銃、オルガンに似た鍵盤楽器などたくさんの贈り物を持参した。

大内義隆は贈り物を大変喜び、返礼としてたくさんの金銀をつかわそうとしたが、ザビエルはそれを断り、その代わり山口領内での布教を許して欲しいと願い出た。義隆はその申し出を許し、領内に「キリスト教に入信したいものは許す」というおふれを出した。

そしてザビエルたちの居住用に大道寺という寺院を与えた。大道寺の敷地は広大で、天主堂や墓地をつくるスペースもあった。この大道寺は、現在の山口の陸上自衛隊の演習場の中にあったと見られている。

ザビエルは、インド総督、ゴアの司教からの信任状も持ってきていた。それを見た大内義隆は、返礼としてインドに使節を送ると言った。前回とは打って変わった歓待だった。

その後、続々とキリスト教の布教を許可する大名たちが増えていった。大友宗麟、小西行長(1558~1600)なども、かなり早い段階でキリスト教に理解を示していた。

かの信長もイエズス会に非常に寛容だった。信長はイエズス会の宣教師フロイスに謁見し、布教や教会建設の許可を与えている。また教会建設のための場所や資材の提供にも便宜を図っている。

しかし、その最大の目的は、南蛮船の誘致だったのである。

キリシタン大名となった大友宗麟

大友家は豊後地方を領有する有力な守護大名で、昔から博多にも進出し貿易による利益を得ていた。

豊後の沖の浜（現大分県）には時々、中国のジャンク船などが乗り入れ、その中にはポルトガル人が混ざっていることもあった。若き宗麟は、ポルトガルとも貿易をしたいと考えていた。

しかしポルトガルは、キリスト教の布教を貿易の条件としていたので、彼は宣教師を受け入れる必要があった。

そのため1551年夏、山口で布教していたザビエルをわざわざ呼びよせた。大友宗麟はこのとき21歳、家督を継いだばかりだった。

そしてザビエルを歓待し、キリスト教の話を熱心に聞いた。

そして沖の浜に住居を与え、領内での布教を許した。しかしザビエルは豊後には長く居られなかった。イエズス会との連絡が2年以上途絶えていたので、一旦インドに戻ろうと考えていたのだ。

ザビエルが宗麟のもとに暇乞い（いとまごい）に行くと、宗麟は別れを惜しんだ。彼は自分の使節をザビエルに同行させ、貴重な鎧などの贈り物と、ポルトガル国王へ友好関係と宣教師の派遣を要請する親書を持たせた。

1551年11月15日、ザビエルは豊後の沖の浜からインドに向けて出発した。洗礼を受けた4人の日本人（ベルナルド、マテウス、ジョアン、アントニオ）も同行することになった。ベルナルドとマテウスはヨーロッパまで行き、ジョアンとアントニオは日本に戻ってイエズス会に従事した。

大友宗麟は、その後もキリスト教庇護の姿勢を変えなかった。そのためポルトガルやイエズス会は宗麟を信頼し、豊後は一時、キリスト教布教の総本山のようになった。

彼がザビエルを招いたのは、ポルトガルとの貿易のためという意味合いが大きかった。南蛮貿易によって大きな軍事力を得ることができたのである。戦国大名の中で大砲の製造にいち早く成功したのは、大友宗麟だとされている。

また宗麟は軍需物資を独占することで、敵対する大名に優位に立とうとしていた。宗麟は、中国に滞在しているニカイアの司教にあてて対立している山口の毛利元就（１４９７～１５７１）に硝石の輸出を禁じ、自分に毎年良質の硝石二〇〇斤を積んできてくれるよう依頼している。

宗麟は、その翌年には同じニカイアの司教に、マカオ総督から贈られた大砲一門がマラッカの海で沈んだことを不運とし、再び大砲を送るよう依頼している。

つまりはポルトガルをまるで軍需物資の商社のような扱いをしているのである。それも宗麟の領地がキリスト教の総本山になっていたからこそ、できたものだといえるだろう。

では宗麟はまったく利得のみでキリスト教に接していたかというと、そうでもないようである。

彼はザビエルなどと接するうちに、キリスト教への関心がかなり深まったようである。

しかし宗麟自身は、なかなか洗礼を受けなかった。

家臣たちの多くは仏教徒であり、領民のほとんども仏教に帰依していた。領内の安泰を考えたとき、領主がキリスト教に入信するわけにはいかなかったのだ。

ザビエル来訪から27年後、家督を譲与した後、大友宗麟は洗礼を受けた。

そして領内にいくつもの教会やキリスト教の学校を建てるなど、自らキリスト教の布教に没頭した。宗麟はザビエルへの敬愛を終生持ち続けたようで、洗礼名はザビエルにちなんでフランシスコとした。

南蛮船の人身売買に激怒した秀吉

このように南蛮貿易には非常に旨みがあり、だからこそ織田信長もキリスト教に寛容だったのである。

また信長の後を継いだ豊臣秀吉も、はじめはキリスト教に寛容な政策を行った。

しかし天正15（1587）年、豊臣秀吉はバテレン追放令を出し、キリスト教の宣教師たちを国外追放とした。

なぜ経済に目ざといはずの秀吉がキリスト教の布教をやめさせたのか？

それは、キリスト教布教による弊害が見え始めたからである。

大航海時代のスペインやポルトガルというのは、奴隷貿易やインディアン虐殺などに見られるように、決して「善良な宗教徒」というだけの存在ではなかった。そういう刃を日本でも見せ始めていたのである。

たとえばポルトガルは、長崎で日本人の奴隷を買い込み、世界各地に輸出していたのだ。

よく知られているようにポルトガルは、アフリカから黒人奴隷を仕入れてアメリカに輸出するという商売を行っていたが、それと同様のことを日本でも行っていたのだ。そのため当時は、世界中で日本人の奴隷が見られたという。

ポルトガルやスペインなどはキリスト教の布教を理由にしてアジアやアフリカを侵攻していたが、日本に対しても、そういう兆候がなかったわけではなかった。

またキリスト教徒たちが、日本各地の寺社を破壊することもたびたび起こっていた。スペインにいたっては、日本への武力侵攻を検討したこともあった。当時の日本は、戦国時代で大名たちの戦力が充実していたために、侵攻を断念しただけだったのだ。もし日本が戦国時代ではなかったら、ほかの東南アジア諸国のようにスペイン、ポルトガルから侵攻されていた可能性もあるのだ。

また諸国にこのままキリスト教の布教を許せば、大名たちがめいめいで南蛮貿易を行い続けることになる。南蛮貿易は武器や軍需物資の輸入に直結している。天下を統一させ、各地の戦闘をやめさせようとしていた秀吉にとって、これ以上の武器の輸入は思わしくないものだったのである。

秀吉としては南蛮貿易による経済的なメリットは惜しかったが、他のデメリットのほうが大きかったので宣教師たちの追放を命じたのである。

秀吉のこのバテレン追放令は、キリスト教を厳格に禁止したわけではなかった。バテレン追放令の中では、宣教師の入国は禁止されているが、商人の入国は禁止されないと記されていた。秀吉としては南蛮貿易を続けたいという意志は持っており、布教と切り離して商取引をする分は構わないという態度をとったのだ。

また宣教師の追放をしたり、キリスト教への強制的な改宗は禁止したりしたが、自発的にキリスト教を信仰することまでは禁じなかった。

そのためキリシタン大名たちもキリスト教を信仰することができた。宣教師追放令もそれほど厳格に施行されたものではなく、ポルトガル人、スペイン人の宣教師も数多く日本に残っていたのだ。

家康が恐れたキリシタンの攻撃性

戦国時代当時、キリスト教は我々が思っている以上に普及していた。

キリスト教が禁教となる慶長19（1614）年の時点で、日本人の信徒の数は少なく見積もっても20万、多い場合は50万人ほどいたと見られている。当時の日本人の人口は1200万人程度だったとされているので、人口の2～4％がキリスト教徒だったことになる。

長崎を中心に博多、豊後（大分）、京都などに布教の拠点があり、スペイン人やポルトガル人の宣教師や教会関係者は100～200人程度、教会は200カ所あった。長崎などは一時、イエズス会の領地のようになっていたこともあった。

秀吉の後を継いだ家康は当初、キリスト教の布教に寛容だった。家康は征夷大将軍になったとき、イエズス会やキリスト教勢力と和解している。

「秀吉が壊した外交関係は一旦、修復させてみる」

というのが家康の方針だったようだ。

ところが、あるときを境にキリスト教を全面的に禁止することになる。しかも、それは秀吉のように「自発的にキリスト教を信仰する分は構わない」という緩いものではなく、キリスト教を完全に禁教にしてしまうのだ。

慶長14（1609）年のことである。

家康は、肥前日野江藩の大名である有馬晴信（1567～1612）に命じ、ベトナムに朱印船を送らせていた。

有馬晴信はキリシタンでもあり、スペインやポルトガル商人の窓口的な役割を果たしていた。家康は、この朱印船で伽羅という高級香木を輸入しようとしていたのだ。

ところが、この朱印船はマカオでポルトガル船のデウス号とトラブルになり、乗組員60

名が殺されてしまう。

晴信は家康に対する体裁もあり、長崎に入港していたポルトガル船のデウス号への報復の許可を得て撃沈させた。

これだけでも家康としては、ポルトガルやキリスト教に対して大きな不信を抱いていたところだが、この事件はさらに大きくなってしまう。

幕府側の役人の岡本大八（?～1612）という人物が有馬晴信に「デウス号撃沈について幕府から褒美をもらってやる」と持ち掛け、多額の金品を受け取る詐欺事件を起こしたのだ。

有馬晴信の肥前日野江藩は隣藩の肥前佐賀藩と領土問題を抱えており、藤津、杵島、彼杵の三郡を取られた状態になっていた。岡本大八は、この三郡を肥前日野江藩に返還させてやると言ったのだ。その運動資金として総額6000両を受け取ったのである。

岡本大八は家康の懐刀と言われた本多正純（1565～1637）の与力であり、幕府の中枢に出入りしていた人物である。晴信は、岡本をすっかり信用していたわけだ。

が、いつまで経っても旧領回復の沙汰がないのを不審に思い、岡本の上官である本多正純に問い合わせした。そこで岡本の詐欺が発覚したのだ。岡本はニセの家康の書状をつくるなど、非常に悪質な方法で有馬を騙していた。

しかも岡本大八もキリシタンであり、同じキリシタン仲間を騙したということになる。

このことに激怒した家康は、慶長17（1612）年3月21日、岡本大八を火あぶりの刑に処した。そして同日にキリスト教を禁教とし、スペイン人、ポルトガル人を国外退去処分とした。

キリシタン大名をはじめとするキリシタンたちにも棄教を要求し、応じないものは弾圧されることになった。

オランダとの貿易チャネルを獲得する

家康がキリスト教を完全に禁じたのは、「キリスト教の危険性」のほかにもう一つ大きな理由があった。

南蛮貿易をするチャネルをスペイン、ポルトガル以外で見つけたからである。

そのチャネルとは、オランダである。

家康は、オランダと奇妙な縁があった。

家康がまだ征夷大将軍になる前の慶長5（1600）年4月、大分の臼杵（うすき）にオランダ船のリーフデ号が漂着した。

臼杵藩の藩主、太田一吉（かずよし）（?〜1617）は乗組員を保護し、長崎奉行に報告した。そしてリーフデ号は大坂に回航されることになった。

関ヶ原の戦いの少し前であり、まだ豊臣政権だったときのことである。この時期、豊臣政権の番頭格だった石田三成（1560〜1600）は失脚して領国に戻っており、事実上、家康が政務を取り仕切っていた。

そのため家康がリーフデ号の検査、尋問などをすることになった。

日本にいたスペインのイエズス会の宣教師たちはこのことを聞きつけ、家康に処刑するように注進した。

イエズス会というのはカトリック・キリスト教の修道会であり、当時はプロテスタント・キリスト教と激しく対立していた。リーフデ号の母国オランダは、プロテスタントの国である。だから日本在住のイエズス会としては、プロテスタントの勢力が日本に及ぶことを非常に恐れていたのである。

しかし家康はイエズス会の宣教師たちの注進は聞き入れず、リーフデ号を浦賀に回航し、乗組員を江戸に招いた。

家康は同船の乗組員から海外情報などを仕入れ、一部の乗組員は家臣として取り立てた。幕府の要人となった外国人、ヤン・ヨーステン（耶揚子、1556?〜1623）や三浦按（あん）

針の日本名で知られるウィリアム・アダムス（1564〜1620）はこのリーフデ号の乗組員だった。

このヤン・ヨーステンやウィリアム・アダムスから、家康は当時の西洋の国情や宗教事情などを詳しく聞いたようである。

当時のキリスト教では、ルターの宗教改革から生まれた「プロテスタント」が急激に勢力を拡大している時期だった。

前述したように「プロテスタント」は免罪符に象徴されるような教会の権威主義、金権主義を批判し、純粋な信仰に戻ろうという宗派である。そして旧来からの教会である「カトリック」と、新興宗派である「プロテスタント」は激しく対立していたのである。

スペインやポルトガルは、カトリックの国だった。

彼らが大航海をして世界中に侵攻していたのも、実はカトリックとプロテスタントの対立が影響していたのである。プロテスタントに押されていたカトリックは少しでも多くの信者を獲得するために、積極的に世界布教に乗り出したのだ。

戦国時代に日本にやってきたスペイン、ポルトガルの宣教師たちは皆、この流れに沿ったものなのである。

一方、オランダはプロテスタントの国だった。

オランダは新興海洋国でもあり、スペインやポルトガルに続いて世界中に進出し、貿易や侵攻を行っていた。

オランダの場合、キリスト教の布教も行っていたが、それはメインの目的ではなく金儲けが最大の目的だった。日本に対してもキリスト教の布教を強く求めることはなく、貿易だけを求めてきた。

つまりオランダは、キリスト教の布教をしなくても貿易をしてくれるというわけである。

家康はこの事情を知り、オランダとだけ貿易をすることにしたのだ。

そのため江戸時代を通じて、オランダが唯一の西洋文明の窓口となった。オランダからの文物を学ぶ「蘭学」は、日本の最先端の学問となったのである。

なぜ隠れキリシタンが生じたのか？

平戸、天草地方には隠れキリシタンが多数存在する（現在でも）。

なぜこの地域に隠れキリシタンが多いのか？

平戸は九州の西端の島で、古くから貿易港として栄えていた。

当時も、明や朝鮮との船が入港する日本有数の貿易港だった。

平戸の領主松浦隆信（1529～1599）は貿易で利をあげることを考え、王直（?～1560）という明の海賊を平戸に招へいした。王直は倭寇を束ね、明との密貿易を手広く行っていた（当時、明は貿易を禁じていた）。ルソン（フィリピン）、アンナン（ベトナム）、シャム（タイ）、マラッカ（マレーシア）などとの交易も行い、東南アジアの海上王のような存在だった。

松浦隆信は王直を厚遇し、自分の屋敷のあった土地を与えた。そこには中国風の豪勢な建物がつくられた。明や朝鮮の船が王直を頼って平戸に寄港するようになった。

そしてポルトガル船も王直の手引きによって来航していた。

ポルトガルとの交易もしたかった松浦隆信は当然、ポルトガル人も歓待した。かのザビエルが最初に本格的に布教活動に乗り出したのも平戸である。

キリスト教の布教を庇護し、さらに重臣の籠手田氏をキリスト教に入信させた。

松浦隆信自身は、さすがに入信はできなかったので（仏教勢力との兼ね合いもあり）、代わりに籠手田氏を差し出したということである。

そして籠手田氏の領民たちにも布教を許したため、その領民を中心にキリスト教徒が急増したのである。

当時、こういう大名はけっこういたのである。

熊本でもキリシタン大名の小西行長が領主になったときに、キリスト教を保護したために、天草などではキリシタンが急増した。

彼らが江戸時代に入り、隠れキリシタンになるのだ。

平戸の籠手田氏の領地に根獅子（ねしこ）という地域がある。

根獅子は平戸港から35キロほど離れた海岸沿いの集落でザビエル自身が船で訪れたという言い伝えもあり、平戸でも特にキリスト教徒が多かった場所である。当時、根獅子一帯がキリシタンになっていたといわれている。

しかし前述のように豊臣秀吉、徳川家康の時代になると、キリスト教は禁教となる。そのため根獅子では、集落をあげて隠れキリシタンになった。村の組織と、キリシタンの組織をリンクさせ、村全体が一帯となって信仰を守る体制をつくったのだ。辻家という世話役がいて、その下に7名の水役（洗礼を受けさせる役目）がいた。それは外部からは通常の村の組織のように見えた。

このキリシタン組織は、江戸時代はおろか平成になるまで存続していた（平成4年に後継者不足のために解散している）。

江戸時代の250年の間で隠れキリシタンには独特の文化が培われており、明治維新でキリスト教が解禁になっても、もはやカトリック教会にはなじめなかったのである。そのため平戸の根獅子は日本で最後までキリシタン文化を残した地域とされている。

また隠れキリシタンでは、「隠すこと」「隠れること」が信仰の一環となっているので、現在でも信仰の内容をなかなか明かしたがらない。根獅子にはキリシタン資料館があるが、その展示物の多くは他の地域から取り寄せたものだという。

第6章

イスラム教徒が急増した経済的理由

マホメットの減税政策

ローマ帝国の末期の西暦610年頃、アラブ地域に新しい巨大な宗教勢力が出現する。イスラム教の誕生である。

メッカの商人だったマホメット（ムハンマド、570〜632）は、ユダヤ教の旧約聖書をベースにしつつ、自分なりにバージョンアップした宗教「イスラム教」をつくる。このイスラム教は瞬く間に中東、北アフリカ、スペインを席巻した。

イスラム教は、その誕生時から宗教であるとともに国家でもあった。マホメットはイスラム教を布教するとともに、イスラム国家としての勢力圏も急拡大したのだ。

マホメットがなぜこれほど急激に勢力を広げることができたのか？

それにはイスラム教がアラブの人々にとって、非常に説得力のある教義を持っていたことなど、いくつも要因がある。

いろんな解釈が可能な旧約聖書と違って、「こういうときはこうするべき」という指針が明確に述べられていた。だから法秩序がきちんと整備されていなかった当時の人々には、社会秩序を保つための有効なアイテムでもあった。また禁酒や豚肉食の禁止なども当時の衛生環境、社会環境から見れば、安全な社会をつくるための一つの有効な解決方法と言えた。

ところが、このイスラム教は、もう一つ大きな魅力を備えていた。

それは、「税金が安い」ということである。

この時代、旧ローマ帝国の領民たちは重税に苦しんでいた。

当時この地域には、土地税と人頭税が課せられていた。

ローマ帝国はキリスト教を国教としており、この地域の住民の多くはキリスト教徒だった。ローマ帝国はキリスト教の教会と結びつくことで、過酷な税の徴収を行っていた。キリスト教徒であれば、過酷な税は逃れられないシステムになっていたのだ。

マホメットは、「イスラム教に改宗すれば人頭税を免除する」と呼びかけた。そのため人頭税に苦しんでいたキリスト教徒たちは、こぞってイスラム教に改宗したのである。

イスラム帝国の徴税業務は、征服地においても寛大なものだった。

たとえばイスラム帝国の征服以前のエジプトでは、土地税を金貨、または銀貨で納めなければならなかった。イスラム帝国では、それを金貨、銀貨に限らず、領民の都合のいいもの（穀物など）で納めればいいとした。しかもイスラム教徒がちょっとでも家畜の放牧などで使用した土地は、土地税を免除された。

また人頭税は異教徒の商人だけに課せられるとし、イスラム教徒や農民には課せられなかった。異教徒の商人も不景気のときには免除された。

イスラム帝国の徴税業務に関する布告に、次のようなものがある。

「彼らのところに行ったら、その財産を没収するようなことはするな。土地税の不足にあてるために、彼らの持ち物を売り払うようなことはするな。税金はあくまで余りのからだけ取るように。もし私の命令に従わなかったら神はお前を罰するだろう」

イスラム帝国は、改宗しないものにも決して手荒なことはしなかった。キリスト教徒、ユダヤ教徒は「同じ教典の民」として改宗の強制はされなかった。イスラム帝国が厳しく改宗を迫ったのは、「教典の民」以外の「多神教」のものたちなのだ。

キリスト教徒、ユダヤ教徒は、

「人頭税を納めること」

「イスラム教徒の男性を打たないこと」

「イスラム教徒の女性に手を出さないこと」

「イスラム教徒の旅人を親切にもてなすこと」

などを守っていれば、イスラム帝国内でも自由に安全に生活できた。

しかもキリスト教徒、ユダヤ教徒たちが納める人頭税も、旧支配者のものよりはかなり安かった。イスラム教徒であれ、非イスラム教徒であれ、どっちみち旧支配者よりはイスラム帝国のほうが税金は安かったのである。

イスラム帝国が占領地から撤退するときには、税の還付まで行っている。

636年、イスラム帝国はパレスチナをほぼ占領し、ユダヤ教徒、キリスト教徒から人頭税を徴収していた。そこへローマ帝国がこの地を奪還するために大軍を派遣し、イスラム帝国軍は撤退を余儀なくされた。その際、イスラム帝国軍はパレスチナの領民に対し、「わが軍は諸君の安全に責任を持てなくなったので、保護の代償である人頭税を還付する」として、すでに納め

六信五行（ろくしんごぎょう）

六信五行とは、ムスリムの信仰と行為の内容を簡潔にまとめたもの

六信	五行	五行以外のおもな規範
❶神 ❷天使 ❸各種の啓典 ❹預言者たち ❺来世（らいせ） ❻神の予定（天命）	❶信仰告白（アッラーのほかに神はなく、ムハンマドは神の預言者） ❷礼拝（れいはい） ❸喜捨（きしゃ）（ザカート） ❹断食（だんじき） ❺メッカ巡礼の実践	・賭けごとをしない　・酒を飲まない ・豚肉を食べない　・利子をとらない ・殺人をしない　・秤（はかり）をごまかさない ・汚れから身を浄（きよ）める ・女性は夫以外の男性に顔や肌をみせないよう、チャドルで隠す ・結婚は商取引と同様に契約を結ぶ。平等に扱うことができるのなら、4人まで妻をもつことができる

られた人頭税の全額が還付されたのである。

当然、この地のユダヤ教徒、キリスト教徒は感激し、攻め込んでくる旧主君のローマ軍に敵意を抱いた。

イスラム帝国が急激に勢力を伸ばした背景には、こういう温かい税務行政があるのだ。

腐敗で国家が衰退する

それなのにイスラム帝国は、マホメットの死後、急速に衰え分裂してしまう。

これにも税金が大きく関係している。

イスラムでは、イスラム教、ユダヤ教、キリスト教のすべての信徒の税金が平等ではなかった。つまり、イスラム教徒には土地税が課されていなかったのだ。

それを見た他宗教の人たちは、こぞってイスラム教に改宗した。イスラム教徒が爆発的に増えた最大の理由はこの部分だといえる。つまり「税を逃れるために改宗した」というわけだ。

ただ、その結果、イスラム教徒が激増したために税収が不足するようになった。

イスラム帝国の誕生

570頃	**ムハンマド**、メッカでうまれる	
610頃	ムハンマド、神の啓示をうける	
622	ムハンマドと信者、メディナに移住（ヒジュラ）	
630	ムハンマド、メッカに無血入城	
632	ムハンマド没 **アブー＝バクル**、初代カリフに選ばれる（位～634）	正統カリフ時代
634	**ウマル**、第2代カリフに選ばれる（位～644）	
636	ヤルムークの戦いでビザンツ軍を破る	
642	**ニハーヴァンドの戦い**でササン朝を破る アラブ軍、エジプト制服完了	
644	**ウスマーン**、第3代カリフとなる（位～656）	
651頃	『コーラン』が書物にまとめられる	
656	**アリー**、第4代カリフとなる（位～661）	

またマホメットの死後しばらく経つと、カリフと呼ばれた宗教指導者たちは税を徴収し、富を得ることにすっかり味をしめ、腐敗するようになっていた。

イスラム帝国内の指導者の中には税収不足を解消するために、他宗教からイスラム教に改宗したものにも人頭税を課そうとするものも現れた。そのためローマ帝国の末期と同じような状態になってしまうのだ。

またマホメット以降の指導者たちは税や財政に詳しくなかったため、各地の行政官や軍司令官にあの「徴税請負」をさせるようになる。

ローマ帝国などで民衆に嫌われていたあの「徴税請負制度」が、イスラム帝国でも導入されたのだ。もちろん民衆は苦しむことになる。

同じように地方の有力者が私腹を肥やし、中央政府には金が入ってこなくなる現象が起きてしまう。地方長官の中には、勝手に人頭税を引き上げて税収を増やそうとするものも出てきた。

そのうち徴税請負人たちの力が非常に強くなっていった。そのため徴税請負人である行政官や軍司令官の取り分は80%で、残りの20%を上納すればいいとなっていたのだ。

しかも監督する人はいなかったので、徴税請負人たちは税を徴収し放題であり、さらにそのほとんどを自分たちで費消してしまった。実際は、20%どころか5%も上納していなかったという説もある。

そうなると中央政府の力は衰え、イスラム帝国の求心力が下がっていく。地方の有力者たちがそれぞれの地域で割拠することになる。

そうしてイスラム帝国は分裂していき、モンゴル帝国が勃興したときに滅ぼされることになった。

オスマン・トルコという経済大国

一時分裂し、勢力を弱めていったイスラム圏だが、マホメットの死後600年を経て、初期イスラム帝国の性質を色濃く受け継いだ大帝国が誕生する。

オスマン・トルコである。

オスマン・トルコというのは１２９９年、トルコ付近のオスマンという小さな豪族から発展してできた国家である。

14世紀から15世紀前半に領土を大幅に拡大、１４５３年にはビザンツ王国の首都コンスタンチノープルも攻略し、ローマ帝国の末裔を根絶させた。

これはキリスト教世界に大きな衝撃を与えた。ビザンツ帝国というのは、ローマ帝国の末裔である。衰えていたとはいえ、キリスト教世界の中心にあった国だったからだ。

その後、バルカン半島にも進出し、16世紀はじめにエジプトのマムルーク朝を支配下においた。

オスマン・トルコは全盛期には、現在のウクライナなどの東ヨーロッパからアラブ全体、西アジア、西アフリカまで及ぶ大帝国となっていた。現在の中近東全域はオスマン・トルコの支配下にあったのだ。

このオスマン・トルコは中世を生き延び、なんと20世紀まで６００年以上も続いていたのである。イスラム教の繁栄を象徴する国だったといえる。

現在の世界史というのは、西欧からの視点で描かれているものである。

だから、このオスマン・トルコについては、世界史の中であまり語られることはない。

しかし中世から近代において、オスマン・トルコは世界に大きな影響を与えた。世界経済の中心的な存在だったとさえいえる。

西欧の大航海時代なども、オスマン・トルコの存在抜きには語れない。

西欧諸国が危険を顧みず大航海に乗り出したのは、地中海をオスマン・トルコに支配されているため、オスマン・トルコを避けてアジアを交易できるルートを開拓しようとしたのが、そもそもの始まりなのである。

オスマン・トルコは、その強大な軍事力でキリスト教世界に睨(にら)みをきかせ続けた。そして、その軍事力は、絶大な経済力によって裏打ちされたものだったのだ。

優れた税システム

オスマン・トルコが栄えた要因の一つが優れた税システムだった。

同国では、不完全ながら「中央集権制度」が整えられていた。

中世の西欧諸国というのは、そのほとんどが「封建制度」である。

封建制度というのは、「一応、国王などが統治しているものの、国の大半は貴族や豪族などが支配し、国王はその束ね役に過ぎない」というものである。西欧に限らず当時の世界のほとんどの地域は、この「封建制度」だったのである。

ご存知のように日本も武士の時代は将軍が緩い統率権を持っているが、各地の領土はそれぞれの大名や武士が支配する「封建制度」だった。

そして国王たちが実際に支配している土地（徴税権を持つ土地）は、国のごく一部だった。そのため中世の西欧国王たちは慢性的に財源不足に陥った。デフォルトを起こした国王も数多くいる。

しかしオスマン・トルコでは、そうではなかった。原則として国のすべてに中央政府が徴税権を持っていた。

オスマン・トルコには約30の州があった。

そして州には2種類があった。

一つはティマール型と呼ばれるもので、オスマン帝国が派遣した官僚たちによって徴税、行政が行われていた。オスマン・トルコの32州のうち23州は、このティマール型だった。

もう一つはサルヤーネ型と呼ばれ、これは「自治州」に相当するものだった。帝国政府が総督を派遣し、軍も駐留させていたが、行政などは現地の制度によって行われていた。

そして一定の金額を税として中央政府に送るということになっていた。32州のうち、9州がこのサルヤーネ型だった。

同国が強大だったのは、この「中央集権制」が大きくものを言っていたといえる。中央集権制度が進んでいたため、政府は強力な軍を持つことができたのだ。国中から税収を集め、その潤沢な資金で武器を整え、常備軍を養うのである。

オスマン・トルコの軍人の俸給記録によると、1609年には歩兵3万8000人、騎兵2万人、砲兵1500人、砲車兵700人、その他6000人で、総勢6万6000人にも及ぶ常備軍を持っていたという。しかも彼らは常日頃から戦争の訓練を行っている「職業兵士」である。

当時の西欧諸国はそれほど強力な常備軍は持たず、ほとんどの兵士は戦争になってからかき集められるものだった。

だから両者が戦った場合の優劣は火を見るより明らかだった。

この先進的な制度によりオスマン・トルコ帝国は、1543年から第一次世界大戦で敗北するまでの350年もの間、地中海、中近東の大領域を支配したのである。

オスマン・トルコが世界経済の中心に

オスマン・トルコは、その領土の広大さもさることながら、交易の要衝の地を押さえていた。

当時の東西貿易は、中国、中央アジアを経てヨーロッパに至る陸路（いわゆるシルクロード）と、東南アジアからマラッカ海峡を経てペルシャ湾に上陸する海上ルートで行われていた。他にもいくつかルートはあったが、もっとも安全で採算の取れるルートはこの二つだった。

この二つのルートの中央ターミナルともいえる都市が、その首都コンスタンチノープルだった。

そのためコンスタンチノープルには、ロシアなど北方から高価な黒貂の毛皮や琥珀、ウクライナからは穀物、ヨーロッパから銀、中国から陶磁器、東南アジアから香料など各地からさまざまな物品が集積する世界貿易の中心地となった。

またオスマン・トルコは、地中海だけではなく黒海も押さえていた。

当時の交通技術では、ヨーロッパ諸国が同地域を経ずしてアジアと交易をするのは、ほぼ不可能だった。だからオスマン・トルコは、ヨーロッパ・アジア間の交易を司っていたのである。

そして、この当時のイスラム商人は、その後の世界経済に大きな影響を与えている。

その一つはアラビア数字である。

それまでヨーロッパではローマ数字が使われていた。ところがローマ数字は数字が大きくなってくると、XやIが頻繁に出てきて間違いが起きやすい。そのためローマ数字では、金銭の記録には限界があったのだ。

イスラム商人から伝わったアラビア数字を、中世イタリアの商人たちが金銭や取引の記録に用いるようになると、瞬く間にヨーロッパ中に普及した。

また現在、会計報告の基準となっている「複式簿記」も、イスラム商人たちが始めたものである。

複式簿記というのは、売上や経費などを記録する「損益計算書」と、資産や負債などを記録する「貸借対照表」の二つの記録からなる簿記制度のことである。商売の記録を「当期の損益」と「当期の資産の増減」の二面から分析できるため、より確かな会計状況が把握できるものである。

この複式簿記の成り立ちには諸説あるが、イスラム商人が基本的なものを編み出し、それを北イタリアの商人がヨーロッパに普及させたというのが一般的な見方となっている。

異教徒も積極的に登用

オスマン・トルコは全盛期には東ヨーロッパ、小アジア、メソポタミア、エジプトを領土としていたが、その中にはアナトリア地方やバルカン地方などキリスト教徒が多く住む地域もあった。

同国はこの地域から定期的に少年を徴発し、イスラム教に改宗させたのちに兵や官僚として教育する制度もあった。子供を取られるキリスト教徒の両親にとってはたまったものではない。これは「デヴシルメ」と呼ばれ、オスマン・トルコ帝国の軍事や行政を支える重要なシステムでもあった。

ただ興味深いことに、「デヴシルメ」で徴発された少年たちは高級官僚となり、オスマン・トルコ政府の中枢に座ることも多々あった。

また同国は、ユダヤ人の人材を積極的に登用したことでも知られている。

現在のイスラエルとイスラムの関係からは想像しがたいが、中世から近代までユダヤ人とイスラム国家とはおおむね良好な関係を築いていた。

15世紀、西ヨーロッパから追放されたユダヤ人たちは、行き先の一つとして地中海を選んだ。

地中海は、当時イスラムの強国オスマン・トルコが栄華を極めており、ユダヤ人を歓迎した。同国は、キリスト教国の商人よりユダヤ人を信頼した。

それに彼らは貿易や武器の製造などの技術を持っていた。

ユダヤ商人は、この帝国の後ろ盾を受けて大きく成長した。

ここでもユダヤ人は両替商などの金融分野で頭角をあらわし、大銀行家となるものも出てきた。19世紀のアヘン貿易の主役たるサッスーン家も、この頃のイラクのバグダッドで勃興したものだ。

バグダッドでは宮廷の金融、財政をつかさどる宮廷ユダヤ人も多く存在した。

また銀行業を営むものも多かった。ユダヤ商人から預金を集め、それをアラブ人たちに貸し付けるのだ。ユダヤ人金融家の存在は社会を圧迫することもあり、アラブの為政者たちは債務を免除したり、理由をつけて債権者を打ち首にするなどをしたが、おおむね平和に暮らしていたのだ。

〝大航海時代〟はオスマン・トルコを避けるために始まった

オスマン・トルコは、西洋の歴史にも大きな影響を与えている。

スペインやポルトガルが世界中の航路を切り開いたとされる大航海時代は、実はオスマン・トルコの「関税」を逃れるために始まったものなのだ。

当時のヨーロッパ諸国は、アジアからもたらされる香料（スパイス）を求めていた。料理にさまざまなバリエーションを与えるスパイスは、中世の貴族階級にとっては欠かせない食材だった。また香料には殺菌作用などを持つものもあり、薬の原料としても使用されていた。

この香料を得るために、ヨーロッパ諸国は非常に苦労していた。

というのもアジアのものをヨーロッパに取り寄せるためには、当時の流通ルートの場合、中近東を経由することになる。

中近東には、巨大な帝国オスマン・トルコが横たわっていた。

この巨大帝国はヨーロッパのキリスト教諸国とは、敵対に近い関係にあった。特に隣同士のスペイン、ポルトガルとは仇同士の関係だった。

当然のことながら、オスマン・トルコから商品を取り寄せることは、非常に高くついた。

オスマン・トルコも、他のヨーロッパ諸国と同様に「関税」が財政の大きな柱になっていた。

同国では輸入に関して5％、輸出に関しては2～5％の関税を敷いていた。非イスラム国の商人の場合は、輸出の関税は最高税率の5％が課せられた。

香料はオスマン・トルコに一旦、輸入された後に輸出されることになるので、最低でも10％の関税がかかることになる。

しかも食糧原料などの輸出には高い関税をかけており、特に香料はヨーロッパ諸国がこぞって欲しがったことから相当に高い関税をかけていた。ヨーロッパへの香料の関税率がどの程度だったのか正確な資料は残っていない。それでも「銀1gとコショウ1gが同じ」と称されていたほどなので、相当に高かったことは間違いない。

スペインやポルトガルは、どうにかしてオスマン・トルコを経ずにアジアと交易する方法を模索した。そうして考え付いたのが同国を回避して、アジアと直接貿易をする「大航海」だった。

まずポルトガルの冒険家がアフリカへの航路を開拓していった。1488年には、ポルトガルのバルトロメウ・ディアス（1450?～1500）がアフリカ南部の喜望峰に到達した。そして1498年には、同じくポルトガルのバスコ・ダ・ガマ（1460?～1524）がアフリカの喜望峰を回ってアジアにたどり着くことに成功した。

またアフリカ航路開拓でポルトガルに後れを取っていたスペインは、ポルトガルから断られたクリストファー・コロンブス（1451?～1506）のインド航路開拓のスポンサーとなる。コロンブスが開拓しようとしたインド航路は、大西洋を回って地球の裏側からアジアに達するルートである。

当時、すでに地球は丸いということは知られていた。まだ地球を一周したものはいなかったが、理論的に言えば大西洋からアジアに出られるはずだった。

そして1492年、コロンブスはアメリカ大陸のバハマ諸島にたどり着く。有名な話だが、当時コロンブスは、これがアメリカ大陸だとはわからずにインドの一部だと思っていた。だから彼が到着した島は西インド諸島と名付けられ、現地の人々はインディアンと呼ばれるようになったのだ。

さらに1522年には、スペインから支援を受けたフェルナンド・マゼラン（1480～1521）が世界一周に成功する。

こうしてスペインやポルトガルは世界中に新しい航路を切り開き、オスマン・トルコを回避してアジアと交易できるルートをつくったのだ。

これでスペイン、ポルトガルは一杯食わせたのかと思いきや、オスマン・トルコもさらなる手を打ってきた。

オスマン・トルコは、1535年にフランスと提携関係を結び、通商特権を与えた。これはフランス人商人が同国で商売をする場合には、治外法権、領事裁判権、個人税免除、財産・住居・通行の自由などを認めるというものだ。そして関税も一律で課せられることになった。だから香料の特別関税はなくされたわけだ。

なぜキリスト教国のフランスがオスマン・トルコと提携したかというと、フランスは当時、スペインと敵対していたので敵の敵は味方ということだったのだ。

またオスマン・トルコは、この条約と同様のものを1580年にはイギリスと、1612年にはオランダと結んだ。

フランス、イギリス、オランダには香料を安く販売し、スペイン、ポルトガル勢力の香料貿易の邪魔をしようというわけだ。

イスラム教も分裂する

宗教にとって宗派の分裂というのは避けがたいことのようで、イスラム教もいくつかの宗派に分裂しており、宗派同士では深刻な対立が起きたりしている。それはキリスト教がカトリックとプロテスタントに分かれて相争っているのと同じようなものでもある。

もっとも目につくのが、シーア派とスンニ派の対立である。しかも、このシーア派とスンニ派の対立は1300年以上経った今でも継続しているのである。

イスラム教というのは、前述したように7世紀にメッカの商人マホメットによって開かれた宗教である。初期のイスラム教はアラブ全域にまたがる巨大な「イスラム共同体」を形成していた。

このイスラム共同体はカリフと呼ばれる最高指導者を選出し、その元に統合されていた。当初、カリフは世襲制ではなかった。しかしイスラム共同体が肥大化するにつれ、分裂が起きるようになり、指導者の選出にも意見が分かれるようになった。

7世紀アリー（600?～661）という人物がカリフになったが、これを「認める派」と「認めない派」に分裂した。アリーを認める派が「アリーを支持する党派」という意味

スンニ派とシーア派

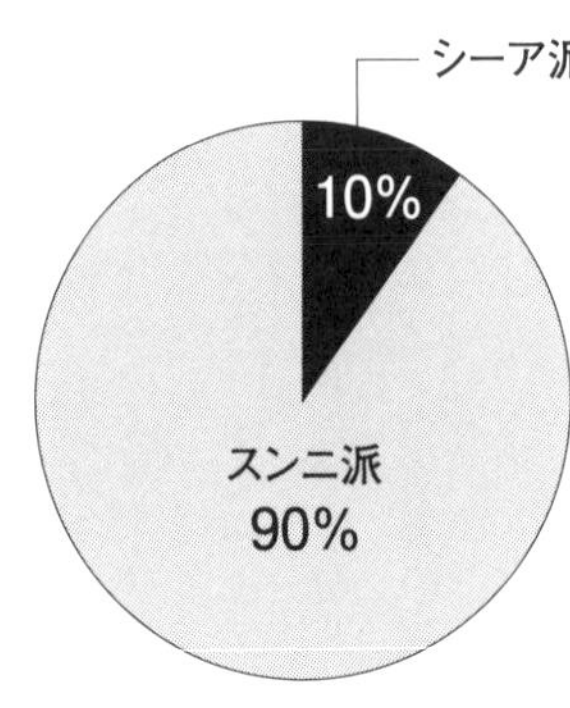

の「シーア派」となり、このシーア派ではアリーの子孫のみがカリフとなった。アリーを認めない派は、イスラムの慣行を守るという意味の「スンニ派」となったのである。

以来、シーア派とスンニ派は敵対するようになった。シーア派は10世紀くらいには勢力が弱まっていたが、16世紀にイランに興ったサファヴィー朝という王朝が国教としてシーア派を選んだために復活することになった。

サファヴィー朝は１５０１年、イラン地方に興ったイスラム王朝である。オスマン・トルコ帝国の強力な対抗勢力であり、一時期はイラン地方だけでなく、アゼルバイジャン、イラク南部も領有していた。

もちろんサファヴィー朝の影響力は大きかった。今でもシーア派の総本山はイランだが、それはサファヴィー朝に由来があるのだ。

そしてオスマン・トルコ帝国はスンニ派だった。

スンニ派とシーア派の400年来の領土問題

このオスマン・トルコとサファヴィー朝はことあるごとに対立し、領有問題に発展することもあった。

特にチグリス・ユーフラテス川の下流にあるシャットル・アラブ川の領有をめぐって、長い間対立してきた。シャットル・アラブ川というのはメソポタミア文明で名高いチグリス川とユーフラテス川が合流した下流域の川で、全長200キロ、川幅は広いところでは800メートルになる。

この川の領有問題は今から4、500年前、日本で言うならば戦国時代の頃からの話なのだ。

この領有問題は現在も解決していないのだが、以前から不毛の争いを終わらせたいという思いはあったらしく、1639年、メソポタミア地域における国境線を定めることにした。このときには、シャットル・アラブ川の東側にあるバムシール川の東側を国境線とした。

しかし、この地域の小競り合いはその後も続いた。

最初の国境確定から200年後、時代は近代に入り、サファヴィー朝がカージャール朝に代わってからも国境の小競り合いは終わらなかった。

この時期、隆盛を誇っていたイギリスの仲介で1847年に再度、国境確定の作業が行われた。このときの国境確定作業では、シャットル・アラブ川の東側が国境というように定められた。

国境は西にずらされたわけで、一見、カージャール朝にとって有利のように見える。が、シャットル・アラブ川の領有はオスマン・トルコであり、カージャール朝はシャットル・アラブ川を使えないので実質的な旨みはあまりなかった。この国境確定にカージャール朝としては、不満を持っていた。

この問題は現代にも持ち越されている。

現在、カージャール朝はイランに、オスマン・トルコが領有していたこの地域はイラクに、それぞれ引き継がれているが、両国は相変わらずシャットル・アラブ川の領有をめぐって対立している。

「たかが川一本くらいで、400年も争うなんて」

と思う人もいるかもしれない。けれど両国にとってシャットル・アラブ川の存在は、「たかが川一本」では済まされないものである。

シャットル・アラブ川は、ペルシャ湾に注いでいる。

ペルシャ湾は、スエズ運河が開通するまでは、西洋と東洋をつなぐ一大物流拠点だった。シャットル・アラブ川は、そのペルシャ湾と国の内陸部を結んでいるのだ。これが使えるのと使えないのとでは大きな違いがある。特に、この地域で石油が採掘されるようになってからは、シャットル・アラブ川は非常に価値のあるものとなった。

やがて両者妥協点を探ることとなり、1937年、イランとイラクの間で国境条約が締結された。国境は今まで通りシャットル・アラブ川の東側ということになったが、イランにもシャットル・アラブ川を使える権利が認められたのだ。

これで両国の小競り合いが終わったかというと大間違いで、まだまだこの国境紛争は続くのである。

1970年代、イランはアメリカの後ろ盾を得てイラクに国境線の改定を迫る。当時のイランは中東でも屈指の親米国家だったのだ。さすがにイラクもこれには抵抗できず、1975年、シャットル・アラブ川の最深部の中央が国境ということに同意する。

イラクはシャットル・アラブ川の領有権を半分取られてしまったのだ。イラクとしては、いつかこの恨みを晴らしたいと思っていた。

1979年、イランで革命が起きて親米政権が倒れ、反米のホメイニ師（1902～1

989）が政権の座に就いた。アメリカとイランの関係は急激に冷え込んだ。アメリカの後ろ盾がないのを見計らって1980年、イラクはイランに先制攻撃を仕掛けた。イラン・イラク戦争の始まりである。

このときアメリカはイラクに肩入れをした。ちなみに、このときのイラクの指導者はサダム・フセイン（1937～2006）である。つまりアメリカは、サダム・フセインを支援していたこともあったわけだ。

イラン・イラク戦争はその後10年間続き、100万人の犠牲者が出たとされている。肝腎の国境はどうなったかというと、ほとんど戦争前の状態に戻された。

現在もシャットル・アラブ川をめぐってイランとイラクは、小競り合いを続けているのだ。

第7章

現代も続く「宗教と金」の争い

グローバル化する「宗教と金の問題」

近現代に入ると教会自体の経済力は落ちた。

たとえば世界最大の宗教団体「カトリック教会」は、かつては世界中から「10分の1税」を集め、世界の政治経済を動かす存在だった。十字軍の遠征費を出したり、大航海時代のスポンサーになったりもしていた。

しかし近代に入ると、カトリック教会の「10分の1税」から離脱する国が多くなり、カトリック教会の経済力は激減した。

それでもまだカトリック教会にはローマに広大な教会領があったが、1861年、イタリアが独立したときにイタリア政府は教皇領を没収した。それに抵抗してローマ法王は、以降70年間もローマのバチカンから一歩も出なかった。

1920年代、ベニート・ムッソリーニ（1883〜1945）が政権をとったとき、イタリア政府とバチカン（カトリック教会）は和解した。

「イタリア政府はバチカン市国を国として認め財政的な援助をする」

「バチカン市国は教皇領を放棄する」

という条件で、1929年に両者が合意した。

といってもカトリック教会が国家として存立しているかといえばそうではなく、形式的なものに近い。

バチカンは現在178カ国と国交を結んでいるが、これも儀礼的な意味合いが強いのだ。国交を結んでいるからといって、普通の国同士のように「貿易を促進しよう」とか「資源を共同開発しよう」などという付き合いはない。世界各国はカトリックの総本山に対して敬意を表して、国交を結んでいるのだ。

そしてバチカン市国は、観光業とイタリアの支援で成り立っている小国である。

バチカン市国は教皇庁以外の部分は開放されており、一般の人が自由に入ることができる。入国ビザやパスポートなどは必要ない。バチカンの国民もイタリア国内は自由に行き来できる。

バチカンは世界遺産になっており、サン・ピエトロ大聖堂、バチカン宮殿、バチカン美術館など有名な観光スポットをいくつも持っている。これらの美術館入場料など観光収入と世界中のカトリック信者からの寄付がバチカンの財政を支えている。

またカトリックに対抗してできたプロテスタント教会は、カトリックの組織的な権威主義への反発から、最初から組織的な結合はしなかった。そのためローマ・カトリック教会のような大規模な組織はなく、必然的に政治経済への影響力も大きくなかった。

このように宗教団体自体が大きな財力を持ち、国や世界の政治経済を動かす時代は終わったといえる。

しかし、「宗教とお金が絡んだ問題」は解消することはなかった。むしろ教会単位ではなく、国家規模、民族規模で「宗教とお金が絡むトラブル」は起きるようになってきた。経済がグローバルになるに従い、宗教対立が経済対立を生んだり、逆に経済対立が宗教対立に結びつくなど、宗教とお金の問題もよりグローバル化してしまったのである。

そういう近代的な「宗教とお金の問題」の最たるものが「イスラエル問題」だといえる。

イスラム教とユダヤ教の対立の原因

現在、中東では紛争が絶えない。

イスラエルとアラブ諸国との間ではたびたび諍いが起きているし、パレスティナでは戦争のような状態がずっと続いている。

このイスラエルをめぐる紛争は、日本人にとってなかなかわかりづらいものがある。

ここにはユダヤ教、イスラム教、キリスト教が絡んだ非常にややこしい問題があるのだ。

第一次大戦のときのことである。

前述したように中世から近代にかけて、中東にはオスマン・トルコ帝国というイスラム教の大国があった。

ヨーロッパで勃発した第一次世界大戦でオスマン・トルコは、ドイツ、オーストリアの同盟国側につく。オスマン・トルコも、この頃にはかつての大帝国としての求心力を失い、リビア、マケドニア、アルバニアが帝国から離脱していた。

またロシアの南下により圧力を受けていた。そのため、この状況を打開するために新興国ドイツに接近し、同盟関係を結んだのだ。

イギリス、フランスを中心とした連合国側は当初、オスマン・トルコを陣営に引き入れる画策をしたが失敗した。そしてオスマン・トルコが同盟国側として参戦すると、今度は同国瓦解の工作を行うのだ。

英仏はオスマン・トルコ戦に勝利するために、巧妙な策を講じる。

まずオスマン・トルコ支配下にあったアラブの部族たちを、戦後に独立させることを条件に戦争協力させた。

アラビアのロレンスで有名なイギリスの情報将校トーマス・エドワード・ロレンス中尉（1888～1935）も、このときの工作員の一人である。考古学者で中東に造詣の深かった彼は、第一次大戦がはじまるとすぐに陸軍情報部に召喚され、臨時中尉となる。ロレンス中尉は語学力を生かしてアラブの部族に入り込み、オスマン・トルコに対する反乱を起こさせるのだ。

その甲斐あってか第一次大戦後、オスマン・トルコ帝国は瓦解してしまう。

そして英仏の主導により、パレスティナ、イラク、ヨルダン、シリア、レバノンなど今のアラブ諸国の原型がつくられるのだ。

ここに600年続いたオスマン・トルコ帝国は消滅してしまった。

現在の中東の混迷は、このときのイギリスのオスマン・トルコ解体工作が火種になっている。

イギリスは第一次大戦後の中東をめぐって、三者に異なる提案をしていた。

一つは先ほど述べたアラブ社会に対してのもので、パレスティナを含めて中東でオスマン・トルコに代わるアラブ王国を樹立させるという提案である。当時、イスラム世界のほとんどはオスマン・トルコの支配下にあり、それをよく思わない部族もあった。そのため戦後の独立を条件に各部族に反乱を起こさせたのだ。

もう一つは同盟国フランスに対してのもので、中東全体をイギリス、フランスの両国で分割をするという提案だった。第一次大戦での同盟国であり、当時、世界の強国だったフランスの機嫌をとったわけだ。

そして最後の一つがユダヤ人に対するユダヤ人ナショナル・ホーム建設の提案だった。

第一次大戦前、現在のイスラエルがあるパレスティナ地方も、オスマン・トルコ帝国の支配下にあった。

当時のユダヤ人社会では、ドイツやオスマン・トルコの属する同盟国陣営を支持するものが多くいた。当時もっともユダヤ人を迫害していたのはロシアであり、ロシアと戦うドイツを支持していたのだ。

何度か触れたようにユダヤ人は、古代から金融に秀でた民族だった。大富豪として有名なロスチャイルド家も、18世紀にドイツで勃興したユダヤ人銀行家である。

第一次大戦では、大きな金融力をもつユダヤ社会がどちらにつくかが注目の的となった。もちろん両陣営とも引き入れようとした。ユダヤ人社会を味方につければ、戦費調達で非常に有利だからだ。

苦戦していた連合国側のイギリスは、ユダヤ人社会に大きな約束を持ち出す。

戦争終結後、パレスティナ地方にユダヤ人のナショナル・ホームをつくるというのだ。

これはバルフォア宣言と呼ばれるもので、当時のイギリスの外務大臣アーサー・バルフォア（1848～1930）がユダヤ社会の長ロスチャイルド家に送った手紙から来ている。

つまりイギリスはユダヤ人のお金が欲しかったために、パレスティナをユダヤ人に与えるという約束をしてしまったのだ。

イギリスの出した提案は、ユダヤ人社会の願望を捉えたものだったといえる。

バルフォア宣言では、「ユダヤ人のナショナル・ホームをつくる」となっており、「ユダヤ人国家をつくる」と明記されているわけではなかった。

しかしユダヤ人たちは「自分たちの国家をつくれるもの」と解釈したのだ。

プロテスタント・イギリスの無責任さ

第一次世界大戦では、辛くも連合国側が勝利した。

ところが第一次大戦後の中東は当然、混乱する。

特にパレスティナ地方は混乱を極めた。アラブ世界とユダヤ・イスラエルの対立が芽生えるのだ。イギリスの三枚舌が大きな災禍となってしまったのだ。

同地方は、国際連盟での決定によりイギリスの信託統治区域とされる。

第一次大戦終結時の同所には約75万人の住民がおり、そのうち65万人がアラブ人だった。

ユダヤ人も住んでいたが、ごく少数に過ぎなかった。両者は親密とまではいえないものの、ほぼ平穏に共存していた。

しかし第一次大戦後、バルフォア宣言を受けてユダヤ人の大量移住が始まる。パレスティナのユダヤ人は第一次大戦終了時に5万人程度しかいなかったとされるが、1931年から1935年の間には15万人が入植している。

それに対してアラブ人社会は大反発した。同地ではユダヤとアラブの小競り合いが頻発し、大惨事に発展することもしばしばだった。

第二次大戦後、パレスティナでのユダヤ人とアラブ人の対立は限界点に達する。

イギリスはついに信託統治をあきらめ、国連に任せることにした。

国連ではパレスティナを三つに分割し、ユダヤ人の自治区、アラブ人の自治区、そして各宗教の重要な資産があるイスラエルの一部は国連の管理下に置くという提案をした。

ユダヤ側はしぶしぶながらその提案を受け入れたが、アラブ側は受け入れなかった。ユダヤ側は得るものはあったが、アラブ側は失うものしかなかったからだ。

1948年5月14日、イギリスの委任統治が終了したと同時にパレスティナのユダヤ人は、イスラエル建国を宣言する。

それと同時に、独立を承認しない周辺のアラブ諸国との戦争が勃発した。第一次中東戦争である。

アラブ側は軍事的に圧倒的に優位だったにもかかわらず、相互の連携がとれず必死のイスラエル軍に敗退を重ねた。

アラブ側はエジプト、シリア、モロッコ、レバノン、イラク、トランスヨルダン、サウジアラビア、イエメンが参戦、またイギリス軍の将校がアラブ軍に多数招かれていた。アラブ軍15万に対しイスラエル3万であり、アラブ軍が圧倒的有利と言われていたが、イスラエル軍には従軍経験のあるものも多く、またアラブ軍がまとまりに欠いたため、逆にイスラエルの反撃を許してしまった。

この第一次中東戦争は1949年に休戦協定が結ばれ終了するが、皮肉にもアラブ側が多くを失うことになった。イスラエルは、国連が決めたユダヤ人自治区以上の地域を支配することになったからだ。

この休戦協定ラインが現在国際的に認められているイスラエルの国境である。

この戦争中、周辺国に逃れていたパレスティナ・アラブ人は、イスラエル政府に帰還を許されなかった。

そのため何十万人もの難民が生じた。彼らの中には現在まで何代にもわたって難民キャンプで生活しているものもいる。

これがパレスティナ難民の悲劇の始まりである。

これ以降、イスラム教徒とユダヤ教徒は、不倶戴天（ふぐたいてん）の敵のような関係になってしまう。イスラエル問題というのは、当初は「パレスティナ地方の土地問題」だったのだが、イスラム教とユダヤ教の宗教対立をも生んでしまったのだ。

イスラム・マネーの誕生

この中東の混乱に、もう一つ大きな要素が加わわる。

「石油」である。

第一次大戦、第二次大戦前後に中東で相次いで大きな油田が発見されたのだ。

それまでも中東で石油が採れることはわかっていた。それでも採算に合うほどの大規模な油田は発見されていなかった。

しかし1908年にイラン、1927年にイラクで大規模な油田が発見される。

またアメリカの石油会社カリフォルニア・スタンダードが1932年にバーレーンで、1938年にはサウジアラビア・ダンマームで大規模な油田を発見した。同年にはクウェートのブルガンでも発見された。

しかも、ちょうどこの時期、エネルギー革命が起き、石炭から石油への切り替えが行われた。船舶や工場の動力源などでエネルギー効率のいい石油が使われることが増え、また石油を燃料とする航空機や自動車などが爆発的に普及しはじめた。

そのため欧米諸国は、中東の利権争いに火花を散らすことになる。

イスラエルとアラブ・イスラム諸国の対立構図だけでも十分に複雑なのに、これに石油という最重要の戦略物資が関連してきたのだ。

中東の産油国のほとんどはイスラム教を国教としている国々である。つまりイスラム教国が莫大な石油マネーを握ることになったのだ。いわゆる「イスラム・マネー」の誕生である。

アメリカとイスラム諸国の蜜月関係

第二次世界大戦後の中東地域（アラブ地域）はしばらくの間、西側陣営にいた。

特にアメリカは、この地域で強い影響力を持っていた。

アメリカとアラブ諸国の結びつきは、第二次大戦中に行われたある密約に端を発している。

第二次世界大戦の終盤、アメリカとサウジアラビアが密約を交わし、それが戦後の世界経済に大きな影響を与えているのだ。

サウジアラビア初代国王のイブン・サウド（1880〜1953）の伝記や、アメリカの元CIAロバート・ベア（1953〜）の手記によると、1945年2月、ヤルタ会談直後にアメリカの巡洋艦「クインシー」の艦上でフランクリン・ルーズベルト大統領（1882〜1945）とイブン・サウド国王の極秘会談が持たれた。

その席上でサウジアラビアは、今後石油取引の決済をすべてドルで行うという約束をし、アメリカはその代わりアラブの王国が他の国や勢力に脅かされた場合は軍を出動させて守ると確約したというのだ。

この密約は、ほぼ事実のようである。

イブン・サウド国王の伝記など多数の資料に明示されているし、アメリカとサウジアラビアのその後の経緯を見ても、そういう約束があったとしか思えないのだ。

実際にサウジアラビアは、ニューヨーク・マネーセンターバンクの非居住者ドル預金口座を石油の決済口座として指定し、これ以外の決済は行わないことにした。

そしてアメリカも、アラブの王国が危機に陥ったとき、何度も兵を出している。

これまでアメリカは、「民主主義の旗手」を標榜し、世界中の非民主国家に対して改善を求めたり、抗議をしたりしてきた。しかし、ことアラブ地域に関しては非民主的な王権政府に対して、まったくアクションは起こさずに容認してきたのだ。これはアメリカが密約を守っているからとしか考えられない。

またアラブ諸国のほうもアメリカとの密約を堅持してきた。

「石油取引をドル建てで行う」ことは、現在でも石油業界全体の暗黙の了解のようになっているのだ。

「石油取引を必ずドルで行う」

という慣習は、アメリカに対して限りない利益となっている。

石油は産業の血液であり、社会の必需品であり、最強の戦略物資である。しかも、その取引額は莫大だ。もちろん石油取引をするためには、巨額のドルが必要となる。

石油を買うためにはドルが必要なのだから、石油が欲しい国はドルを用意しなければならない。必然的にドルはその国に買われることになる。

アメリカは何を売っているわけではないのに、いろんな国がドルを買ってくれるのだ。アメリカは輪転機を回すだけで、世界中のお金が入ってくるという寸法である。

そしてドルが石油取引を独占していることは、ドルが今も世界の基軸通貨とされている大きな一つの要因だといえるのだ。

アメリカとイスラエルも蜜月関係だった

中東問題を複雑にしている要素がもう一つある。

それは、アメリカとイスラエルの関係である。

イスラエルはアラブ地域の中での嫌われものであり、当初アラブ・イスラム諸国の多くはイスラエルを国として認めていなかった。しかもアラブ諸国は、世界でもっとも重要な産油地域である。

また前述したようにアメリカは、サウジアラビアや中東の石油利権を手にしたことによって経済覇権を大きく拡張した。

アメリカの世界戦略から見れば、親アラブ一辺倒でいいはずだ。

ただ、そうもいかない事情があるのだ。

というのもアメリカとイスラエルは、親戚ともいえる関係だからだ。

実はアメリカには500万人以上のユダヤ人が住んでおり、イスラエル以外では世界最大のユダヤ人居住国なのだ。

大航海時代、スペインやポルトガルはユダヤ人を追放したが、イギリスはそうしなかった。そのため世界中のユダヤ人がアメリカ大陸のイギリス植民地に流れ込んだのだ。

特にニューヨークには多くのユダヤ人が移住してきたため、ジューヨーク（ジューとはユダヤ人のこと）と揶揄されることもある。現在、ニューヨークは総人口の２割以上、１７０万人がユダヤ人なのだ。

このアメリカ・ユダヤ人たちは、アメリカの経済、医療、学術などあらゆる分野で活躍している。アメリカは世界でもっとも豊かな国だが、その中でもユダヤ人は上流階級に属しているのだ。

アメリカでは、百貨店などの小売業、卸売業、マスコミ関係、金融関係、映画産業などでユダヤ勢は圧倒的なシェアを占めている。またニューヨークの金融関係にも、ユダヤ人は多い。アメリカ経済は、ユダヤ人抜きには語れないといえるだろう。

そしてユダヤ人団体は、アメリカの議会に対して強い影響力を持っている。ユダヤ人団体は、当然のことながらイスラエルへの支援も働きかける。

アメリカの連邦議会ではロビイストが強い影響力を持っているが、特にユダヤ人団体ロビイストの力は強力である。

代表的なものは、ＡＩＰＡＣ（アメリカ・イスラエル公共問題委員会）である。このＡＩ

PACは、全米退職者協会に次いでアメリカで2番目に強いという調査結果もある。つまり全米ライフル協会を上回る力を持っているということだ。

アメリカにとってイスラエルは親戚のようなものであり、アラブ諸国は上顧客のようなものだ。つまりアメリカにとってのイスラエル問題とは、自分の親戚と上顧客が争っている構図なのだ。

結託する産油国

第二次大戦後の東西冷戦の中、中東のアラブ・イスラム諸国は一応、西側に属していた。1950年代になると、アラブ産油諸国の西側支配への抵抗が始まる。

第二次大戦後のアラブ産油諸国は、当初は取り立てて不満を持っていなかった。というのもアラブの産油国は何もしなくても、かなり大きなお金が入ってきていたからだ。

石油の採掘は最初に多額の投資が必要である。精製施設の建設、パイプラインの敷設、タンカーの準備などをしなくてはならない。

当時のアラブ諸国には、自前でそれをやる技術力も経済力もなかった。

だから欧米の石油企業に権利を売り、権利料だけをもらっていたのだ。

欧米の石油会社は当事国に鉱区使用料を払い、残りの収益は自分たちのものとした。その石油会社の収益が莫大になっていることに、アラブの産油国も気づき出したのだ。石油事業は巨額の初期投資が必要だが、それが終わるとその何倍もの富が入ってくる。それを見たアラブの国々は不満を持つようになる。「自分たちの国の資源を使って、なぜ他国の企業が大儲けしているのか？」ということである。

サウジアラビアの石油を独占していたアメリカ企業アラムコ（エクソン、モービル、シェブロン、テキサコの合弁会社）は1949年にサウジ政府へ支払う鉱区利用料の3倍もの収益を上げていた。

そしてアラムコがアメリカ政府に支払った税金は、サウジアラビア政府が受け取った額よりも400万ドルも多かったのだ。

つまりサウジアラビアには、石油企業が母国アメリカに払う税金よりも少ない金額しか入ってきていないのだ。サウジアラビアの石油に関してサウジアラビア政府よりも、アメリカ政府の取り分のほうが多いということである。

鉱区料は最初に決められ契約もされているものであり、なかなか変更できるものではない。だが途中で変更するという前例もあった。

1943年、ベネズエラは石油会社に交渉し決められた鉱区料ではなく、石油収益を5対5の割合で分配すると変更していたのだ。

サウジアラビアもこれにならい、1950年に「アラムコ」に対し石油収益を5対5で分配することを求め、認めさせた。

これを見た他のアラブ諸国も同様の交渉をし成功する。

ただ欧米の石油企業は、これ以上の変更になかなか応じなかった。

しかも欧米の石油会社は産油量や石油価格など、石油生産のあらゆる面で決定権を持っていた。産油国は、それに対して口出しできなかったのだ。

そのため収益の50％は得られるものの、収益自体をコントロールすることはできなかった。石油会社が差し出す収益を黙って受け取るだけだったのだ。

それは一つには、アラブ諸国には技術者が不足しており、石油の知識に精通しているものがいなかったのだ。

しかしアラブ諸国も手をこまねいているだけではなかった。

若い学生たちを西欧諸国に留学させ、専門知識を学ばせた。1960年代になると、そういう若者たちが国に戻ってきて活躍するようになっていた。

そしてアラブの石油技術者の間でアラブ諸国は結託し、欧米の石油企業に圧力をかけ、石油生産の主導権を握るべきだという考えを持つものが現れてきたのだ。

そんなとき、アラブの産油国を激怒させることが起きる。

１９５９年、アラブで産油をしている大手石油企業「イギリス石油（ＢＰ）」が、石油価格を10％引き下げるという発表をしたのだ。当時、ソ連製の石油などがだぶついていたためである。しかもこの発表は、アラブの産油国に事前に知らされていなかった。

石油価格が10％下がるということは、産油国にとっては財政に大きな影響が出る。そういう重要なことが事前に知らされることなく、石油企業によって勝手に決められてしまったのだ。当然、産油国は憤りを感じた。

１９６０年には、アメリカの石油企業「ニュージャージー・スタンダード」が石油価格を７％引き下げる発表をした。これもアラブの産油国には寝耳に水のことだった。

アラブの産油国はついに業を煮やし、共同で欧米の石油資本に対抗する組織をつくる。

それが石油輸出国機構（ＯＰＥＣ）である。

ＯＰＥＣはイラン、イラク、クウェート、サウジアラビア、ベネズエラによって結成された国際的な石油カルテル組織である。

ＯＰＥＣは当面の目標を、５対５のまま据え置かれている石油収益の分配率を産油国に

6、石油会社に4に変更させることにおいた。そして各国が国営の石油会社をつくり、自国の石油について主導権を握ることを目指した。

第一次オイルショック

このOPECにはイスラム教国が多かったので、イスラム諸国全体の利益も代弁するようになっていった。そしてOPECがその影響力を最大限に駆使して起こしたのがオイルショックなのである。

アラブ・イスラム諸国にとって、イスラエル問題は共通の悩みだった。

前述したようにユダヤ人たちがパレスティナの一部を占拠し、第二次大戦後に一方的にイスラエルの建国を宣言した。アラブ諸国が領土回復のためにイスラエルに戦争を仕掛けてもコテンパンに叩かれ、むしろ領土を失ってしまった。

そこでアラブ・イスラム社会のリーダー的存在だったエジプトのムハンマド・サダト大統領（1918〜1981）があることを思いつく。

「エジプトがイスラエルに攻め込むと同時に、アラブの産油国が共同して世界中に圧力をかける」

石油価格の変動

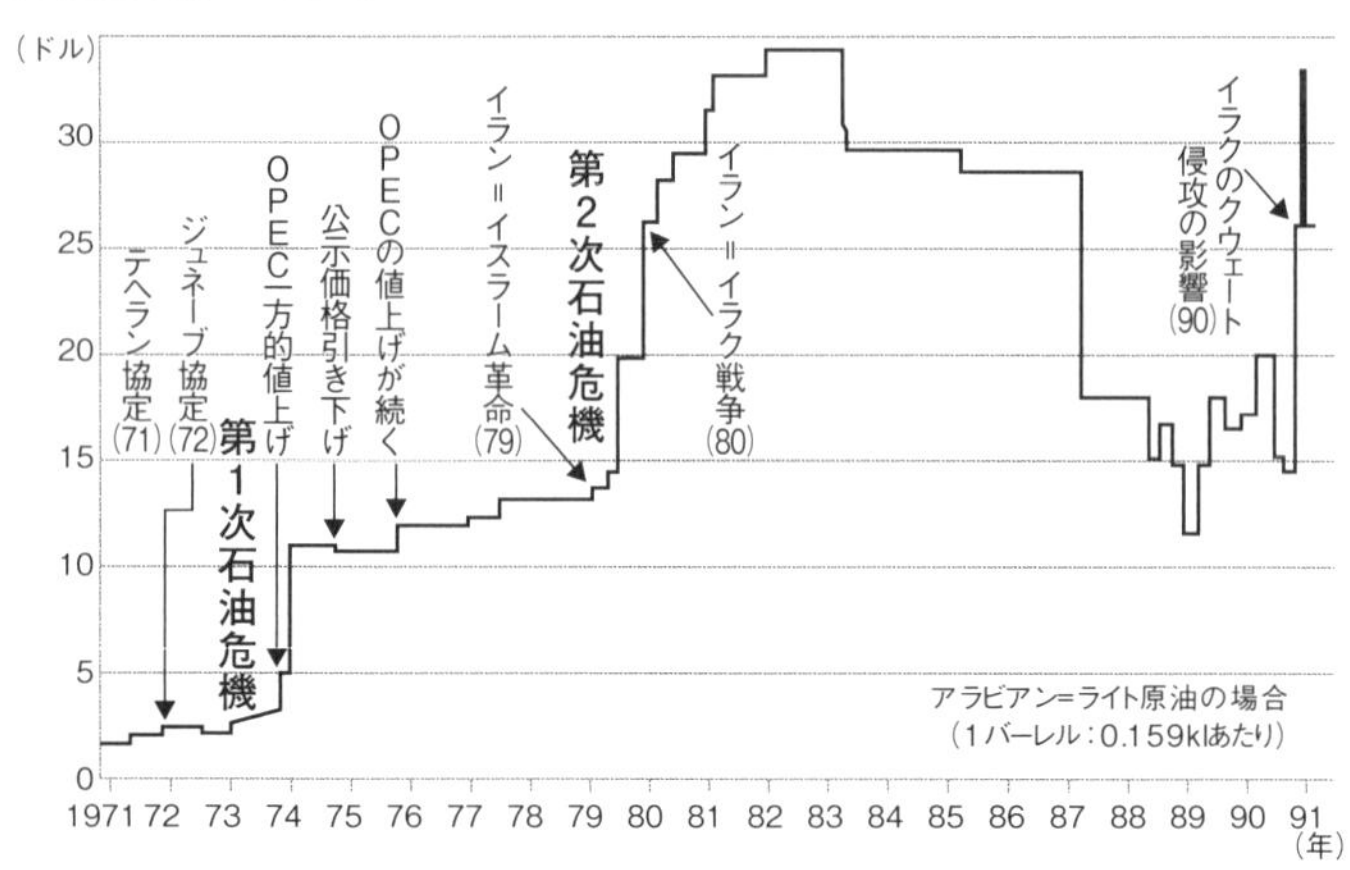

（石油資料ほかより）

つまりイスラエルに加担した西側諸国に対し、石油の輸出を制限（もしくはストップ）するというのだ。

当時、アラブ諸国に対する世界経済の石油依存度は、最高に高まっていた。アラブからの石油輸入比率はアメリカが28％、日本は44％、ヨーロッパ諸国が70～75％だったのだ。しかもサウジアラビアは、石油輸出量で世界一となっていた。

1973年10月6日、エジプト軍とシリア軍がイスラエルへの攻撃を開始する。

エジプト軍とシリア軍は、あらかじめユダヤ人が油断する日を研究し、「贖罪の日の祭日」を攻撃の日に決定したのだ。

1967年にもエジプトとイスラエルは干（かん）

戈（か）を交えており、そのときエジプトは手痛い敗北を喫していた。その記憶もあり、イスラエル側はよもやエジプト側が攻撃を仕掛けてくるとは思っていなかった。

エジプトは単なる局地戦程度の兵力ではなく、全軍を挙げての攻撃だった。

この奇襲作戦にさすがのイスラエル軍も当初は劣勢に立たされる。

それから１週間後、ソ連がエジプト軍、シリア軍に対して武器の供給を開始する。それを見てアメリカがイスラエルに武器の供給を始め、戦線は膠着（こうちゃく）状態となった。

その直後である。

１９７３年10月16日、アラブ産油国の石油担当相がクウェートに集結した。

そして石油価格の17％の値上げを決定したのだ。

欧米の石油会社には、相談どころか事前通知さえしていなかった。立場が完全に逆転し、産油国が優位になったのだ。

その翌日、アラブ諸国はさらなるドラスティックな発表を行った。

「イスラエル軍が１９６７年に占領した地域から撤退するまで、我々は毎月５％ずつ石油の生産量を削減する」

「輸出削減の対象はイスラエルに物質的、道義的に加担した国のみである。イスラエルに加担した国は、やがて石油の全面禁輸措置を行う」

この発表に世界中の国々が衝撃を受けた。

それでもアメリカはイスラエルへの武器支援をやめず、西側諸国もアメリカへの手前、反イスラエルを表明することはできなかった。

そのためアラブ諸国は実際に生産量削減を開始し、アメリカに対しては全面禁輸を行った。

アラブ石油産出量は25％削減され、石油価格は半年で4倍に跳ね上がった。

アラブに石油を依存していたヨーロッパ諸国、日本はパニック状態になる。

これが、いわゆるオイルショックである。

アメリカもさすがにこれには対処をせざるを得なくなった。

またソ連も、このままでは軍事介入をしなくてはならなくなるので、なるべく早く決着することを望むようになった。

アメリカとソ連が共同で仲介にあたり、1967年にイスラエルが占領した地域の一部がエジプト、シリアに返還され、イスラエル軍との間に緩衝地帯が設けられることが決まり、この戦争は終わった。オイルショックも、ほどなく収束した。

このオイルショックは、アラブ・イスラム諸国が世界で大きな影響力を持っていることを誇示した。これからアラブ・イスラム諸国をないがしろにしては、世界経済は回っていかないことを西側先進諸国は痛感することになったのだ。

アメリカとアルカイダの奇妙な関係

昨今、欧米ではイスラム教徒によるテロがたびたび起きている。

中でも2001年にアメリカで起きた航空機乗っ取りによる貿易センター激突、いわゆる9・11事件は世界中を恐怖に陥れた。

この9・11を引き起こしたとされる、イスラム過激勢力のアルカイダは実はかつてアメリカが経済支援していた組織でもあった。アメリカはアルカイダを利用しようとし、やがて敵対関係になったのである。

その経緯を説明したい。

アメリカは第二次世界大戦後から1990年代初頭まで、ソ連との間で激しい冷戦を繰り広げていた。

冷戦当時のアメリカはイスラム諸国を味方につけるため、いろいろな国にいろいろな形で支援をしていた。それがあまりに自己本位だったために、イスラム世界の間で深刻な分裂や災いをもたらすことになった。

それがイスラム世界の人々が、アメリカを嫌う最大の要因でもある。

9・11を引き起こしたとされる「アルカイダ」も当初はアメリカの庇護によってつくられた組織だったのだが、アメリカから見捨てられたために反米に転向したのだ。

その経緯は次の通りである。

1978年、アフガニスタンで共産主義政権が誕生し、それに反発するイスラム教の国民との間で内戦が始まった。この内戦にソ連が介入し、アフガニスタン戦争が起こる。

この戦争が始まると、サウジアラビアの富豪の子弟だったウサーマ・ビン・ラディン（1957~2011）がパキスタンのペシャワールに自費で屋敷を借り上げ、イスラム教徒アフガン戦士たちの休息所を提供した。また負傷兵たちにチョコレートやカシューナッツを配ったり、資金援助をしたりもした。

また彼はサウジアラビア有数の名家という立場を利用し、同国政府や慈善団体、資産家などから寄付を引き出し、それでアフガン戦士たちの宿舎の建設などの戦費に充てた。

彼には世界中のイスラムの富豪や慈善団体から多額の寄付が寄せられるようになる。それは総額で3億ドルとも5億ドルとも言われている。彼がこのときにつくった資金調達チャンネルは、そのままイスラム過激派の活動資金に流れていくようになるのだ。

彼に寄付をした団体には、国際イスラム救済機関、世界ムスリム同盟など、イスラム関係の有名団体がずらりと名を連ねていた。

アフガニスタン戦争も10年目に突入した1988年、ビン・ラディンは独自の組織「アルカイダ」を立ち上げる。アフガン戦士を支援するだけではなく、自らの私設軍をつくったのだ。

それにはイスラム教国以外にも強力なスポンサーがあった。

アメリカである。

ソ連の影響を少しでも排除したいアメリカとしては、アフガニスタンがソ連の手に落ちるのを黙って見過ごすことはできない。なので武器の供与、軍事訓練など、アフガニスタンゲリラを積極的に支援したのだ。

ビン・ラディンのつくったアルカイダには、アメリカから大量の武器が供与された。アルカイダを育成したのは、アメリカだといえるのだ。アメリカは、共産主義に対抗するためにイスラム戦士を育てたのだ。

しかしアフガニスタン戦争が終わり、ソ連も崩壊してしまうと、アメリカはアルカイダなどのイスラム教徒の武装組織への支援を次々に打ち切った。

イスラム武装勢力としては当然、面白くない。武装勢力に参加した若者には使命感にかられてというものもいるが、大多数は職がなく、やることも金もないものだった。そういう連中は武装勢力から離れても、普通の社会に受け入れ先はない。

支援を打ち切ったアメリカに対する反発心が目芽えることになった。

そういう時期にぼっ発したのがイラクのクウェート侵攻なのである。

イラクのクウェート侵攻をやめさせるため、サウジアラビア政府はアメリカ軍の駐留を認め、多国籍軍によるイラク撃退を支持した。これにビン・ラディンやイスラム戦士たちは大きく失望した。アメリカや欧米諸国への敵意がこれで一気に点火することになったのだ。

イスラム教徒にとって総本山であるサウジアラビアにアメリカ軍が駐留したことは、イスラム原理主義者たちの逆鱗に触れることになったのだ。

こうしてイスラム武装勢力のアメリカに対するテロ戦争が始まったのである。

おわりに

本文で述べてきたように宗教は古代から社会経済に強い影響を与え続け、たびたび人類に大きな災いをもたらしてきた。

本来、宗教というものは「人々が平和に幸福に暮らしていくため」にあるものだ。「宗教のために人々が争ったり苦しんだりする」のは、本末転倒の極致なのである。

それは決して過去のことではなく、現代世界でも、宗教同士の対立や宗教による収奪がしばしば大きな災いをもたらしている。

本書で取り上げたユダヤ教、キリスト教、イスラム教、仏教には、それぞれ違った教義があるが、根本は同じようなものなのである。

4つの宗教の共通項の最たるものは、

「お互いに助け合うこと」

「偶像崇拝の禁止」

である。この共通項は各宗教の根本思想でもある。

「お互いに助け合うこと」というのは、その文言通りのことである。

「偶像崇拝の禁止」とは、誰かを神格化しそれを崇拝することを禁止することである。

だからユダヤ教では神の像をつくったり、それを拝んだりすることはない。

キリスト教でも発祥からしばらくはキリストの像を作ったり拝んだりすることはなかった。また仏教も現在では「仏像を拝むこと」が重要な宗教儀式となっているが、発祥から長い間、「仏像」をつくることはなかったのだ。どちらも途中から、偶像崇拝の禁を破って像をつくり拝むようになったのだ。

またイスラム教では、今でも開祖であるマホメットの像や、ほかの人の像をつくることは禁止されている。

なぜ「偶像崇拝の禁止」がされていたかというと、単に像をつくったり拝むことを禁止したのではなく、「誰かを神格化して拝むことをするな」ということである。

カルト教団などは、神格化された教祖を崇拝することで成り立っているものがほとんどである。統一教会なども、まさにそれだといえる。だから現代のカルト教団のほとんどは、キリスト教、イスラム教、仏教、ユダヤ教などの本旨とは真逆のところにあるのだ。

誰かを神格化し「偶像崇拝」するようになると、すべてをそれに依存し自分で考えるのをやめてしまう。それは、その人自身にとっても、社会にとっても非常に危険な状態となる。

人生には困難、悲しみ、苦しみがたくさんある。多くの人が不安や焦燥を抱えて生きているはずだ。

「神様のような人」がいれば、その人にすべてを委ねてしまいたい、という気持ちはわからないでもない。

しかし、そうなると自分の思考が止まってしまうのだ。

誰かを神格化し崇拝をするようになると、「自分の崇拝する人の言うことがすべて」となり、それは「自分の意志がなくなる」ことにつながる。

そして「神格化した人」以外の考えは一切認めないようになる。

虫も殺せないような人が「偶像崇拝」をしてしまうと、平気で大勢の人を虐殺したり、弱いものから略奪したりするようにもなる。

統一教会の問題などもせんじ詰めれば、この「偶像崇拝」につながると思われる。

教祖や教団を崇拝し、「彼らが言うことがすべて」ということになり、自分や家族、周辺の人たちがどんなに不幸になろうとも、「教祖の言っていることは神の言葉だから」といって突き進んでしまうのだ。

もし偶像崇拝をせずに「自分で考える」ということができていれば、絶対に統一教会問題のようなことが起きていないはずだ。

もし各宗教の信徒たちが「お互いに助け合うこと」「偶像崇拝をしないこと」の二つだけをしっかり守れば、宗教における争いや諍いなどはなくなるのではないだろうか？

また宗教における争いや諍いだけではなく、人類の諍いや争いはすべてなくなるのではないだろうか？

そしてほかのどんな厳しい教義を守っていたとしても、この二つを守らなければ、何の意味もなく、害悪しか残らないのである。


自分を神格化させ人々に絶対的な恭順を求める「えせ神様」は、世界中にたくさんいる。新興宗教の教祖だけではなく、伝統的な宗教の指導者、政治家、学者、会社の経営者など社会のいろいろな場所にそういう人はいる。

そういう「えせ神様」は歴史上、人類に多大な災いをもたらしてきたが、法律やルールで排除することはできない。人の心の中に「誰かを神格化しそれを頼りたい」という気持ちがある間は、決して彼らは消えることはないのだ。

しかし一人一人が「誰も神格化せず自分の人生は自分で判断する」という「偶像崇拝禁止ルール」を守ることができれば、「えせ神様」は自然にいなくなるのだ。人類を悩まし続けてきた宗教とお金のトラブルも、それで解消されるはずだ。

筆者が本書で述べたかったことは、そのことである。

最後にビジネス社の唐津隆氏をはじめ、本書の制作に尽力いただいた皆様にこの場をお借りして御礼を申し上げます。

2022年師走

大村大次郎

参考文献一覧

●『世界関税史』　朝倉弘教著　日本関税協会
●『税金の西洋史』　チャールズ・アダムス著　西崎毅訳　ライフリサーチ・プレス
●『経済大国興亡史』　C・P・キンドルバーガー著　中島健二訳　岩波書店
●『なぜ大国は衰退するのか』　グレン・ハバート、ティム・ケイン著　久保恵美子訳　日本経済新聞出版
●『図解お金の歴史全書』　ジョナサン・ウィリアムズ編　湯浅赳男訳　東洋書林
●『金融の世界史』　板谷敏彦著　新潮選書
●『帳簿の世界史』　ジェイコブ・ソール著　村井章子訳　文藝春秋
●『黄金の世界史』　増田義郎著　講談社学術文庫
●『図説西洋経済史』　飯田隆著　日本経済評論社
●『国富論Ⅰ～Ⅲ』　アダム・スミス著　大河内一男監訳　中央公論新社
●『国富論１～４』　アダム・スミス著　水田洋監訳　岩波書店
●『古代ユダヤ社会史』　H・G・キッペンベルグ著　奥泉康弘ほか訳　教文館
●『ユダヤ移民のニューヨーク』　野村達朗著　山川出版社
●『ロスチャイルド王国』　フレデリック・モートン著　高原富保訳　新潮選書
●『オスマン帝国』　鈴木董著　講談社現代新書
●『興亡の世界史　オスマン帝国500年の平和』　林佳世子著　講談社学術文庫
●『西洋の支配とアジア』　K・M・パニッカル著　左久梓訳　藤原書店
●『海のイギリス史』　金澤周作著　昭和堂
●『ブッダのことば～スッタニパータ』　中村元訳　岩波文庫
●『釈尊の生涯』　中村元著　平凡社
●『アショーカ王とその時代』　山崎元一著　春秋社
●『ブッダの人と思想』　中村元、田辺洋二、大村次郷著　NHKブックス
●『古代インドの思想』　山下博司著　ちくま新書
●『ヒンドゥー教』　森本達雄著　中公新書
●『仏教、本当の教え』　植木雅俊著　中公新書
●『仏教百話』　増谷文雄著　ちくま文庫
●『トマスによる福音書』　荒井献著　講談社学術文庫
●『原典ユダの福音書』　ロドルフ・ラッセル他３名著　日経ナショナルジオグラフィック社
●『捏造された聖書』　バート・D.　アーマン著　松田和也訳　柏書房
●『キリスト教封印の世界史』　ヘレン・エラーブ著　井沢元彦監修　杉谷浩子訳　徳間書店
●『山川詳説世界史図録』（第4版）　木村靖二ほか監修　山川出版社
●雑誌「春秋」2016年３月号～2016年12月号記事「ジャイナ教と仏教」　堀田和義著　春秋社

＜著者略歴＞

大村大次郎（おおむら・おおじろう）

大阪府出身。元国税調査官。国税局で10年間、主に法人税担当調査官として勤務し、退職後、経営コンサルタント、フリーライターとなる。執筆、ラジオ出演、フジテレビ「マルサ‼」の監修など幅広く活躍中。主な著書に『金持ちに学ぶ税金の逃れ方』『18歳からのお金の教科書』『改訂版税金を払う奴はバカ！』『完全図解版あなたの収入が3割増える給与のカラクリ』『億万長者は税金を払わない』『完全図解版相続税を払う奴はバカ！』『税務署対策最強の教科書』『消費税を払う奴はバカ！』『完全図解版税務署員だけのヒミツの節税術』『完全図解版あらゆる領収書は経費で落とせる』（以上、ビジネス社）、『「金持ち社長」に学ぶ禁断の蓄財術』『あらゆる領収書は経費で落とせる』（以上、中公新書ラクレ）、『会社の税金元国税調査官のウラ技』（技術評論社）、『おひとりさまの老後対策』（小学館新書）、『税務署・税理士は教えてくれない「相続税」超基本』（KADOKAWA）など多数。

宗教とお金の世界史

2023年2月1日　　第1刷発行

著　者　大村 大次郎

発行者　唐津 隆

発行所　株式会社ビジネス社

〒162-0805　東京都新宿区矢来町114番地 神楽坂高橋ビル5F
電話　03(5227)1602　FAX　03(5227)1603
https://www.business-sha.co.jp

〈装幀〉大谷昌稔
〈本文組版〉茂呂田剛（エムアンドケイ）
〈印刷・製本〉中央精版印刷株式会社
〈営業担当〉山口健志
〈編集担当〉本田朋子

ISBN978-4-8284-2484-2

大村大次郎の本

完全図解版 相続税を払う奴はバカ！

知らないと損する！
小金持ちのための節税逃税法

定価　1,320円（税込）
ISBN978-4-8284-2261-9

令和3年度の税制改革大綱も網羅！

遺留分制度、特別寄与料、小規模住宅地の特例など改正された「相続法」の裏をかく。

完全図解版 税務署員だけのヒミツの節税術

あらゆる領収書は経費で落とせる
確定申告編

定価　1,320円（税込）
ISBN978-4-8284-2067-7

税務署が教えない裏ワザ満載！

確定拠出年金や医療費控除など会社員も自営業も確定申告を知らなすぎる!　この裏ワザで誰もが税金を取り戻せます。

改訂版 税金を払う奴はバカ！

搾取され続けている
日本国民に告ぐ

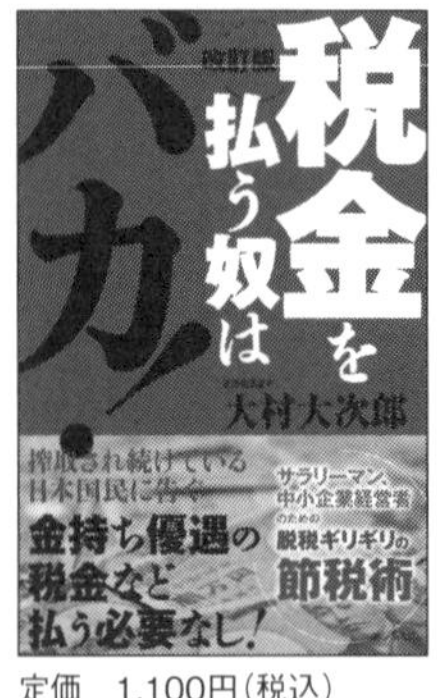

定価　1,100円（税込）
ISBN978-4-8284-2414-7

金持ち優遇の税金など払う必要なし！

サラリーマン、中小企業経営者のための脱税ギリギリの節税術。

完全図解版 あらゆる領収書は経費で落とせる

定価　1,320円（税込）
ISBN978-4-8284-1801-8

経費と領収書のカラクリ最新版！

中小企業経営者、個人事業主は押さえておきたい経理部も知らない経費と領収書の秘密をわかりやすく解説。

ビジネス社の本

金持ちに学ぶ税金の逃れ方

富豪と貧民の差は税金にあった！

定価1540円（税込）
ISBN978-4-8284-2473-6

大村大次郎……著

庶民、サラリーマンも金持ちの秘訣を見習え！

純金、タワマン、相続税対策、海外資産、個人会社などなど大富豪が実践している財テク、節税のウラ技教えます！
サラリーマンも応用できます！
貧富の分かれ目は税金だった！

本書の内容